어린이 여러분 안녕하십니까, 껄껄.

수상한 동물원이 있다고 해서 먼 길을 찾아왔습니다.
이제 곧 탐험을 시작하려고 하는데요.
이번 동물원에는 자기만의 초능력을 가진 동물들,
끊임없이 오물오물 먹거나 구리구리한 냄새를 풍기는
동물들, 어딘가에 잘 숨거나 치명적인 독을 가진 동물들
까지 전부 모여 있다고 하네요. 궁금하지 않으십니까?

만약 저와 함께 동물원으로 떠나고 싶다면
눈을 감고 열을 센 후 다음 페이지를 열도록 하죠.
제가 동물원 가이드로서 잘 설명해드릴 테니 말입니다.

아, 그런데 제가 누구냐고요?
저는 수상한 동물만을 찾아다니는 수상한 과학자
이광렬이라고 합니다. 제 안내만 잘 따라온다면
동물원에서 길을 잃거나 무서운 동물들에게
공격받을 일은 없을 거예요.
그러니 안심해도 된답니다.

수상한 과학자 이광렬

자, 설명이 길었네요.
그럼 첫 번째 동물원부터 구경해볼까요?

첫 번째 코스

초능력 동물원

벌거숭이두더지쥐 조금 못생겼지만 늙지 않아요	10
사막여우 큰 귀로 변덕스러운 사막의 날씨를 견뎌요	14
도마뱀붙이 어디든 찰싹 달라붙어요	18
전기뱀장어 찌릿찌릿, 강력한 전기가 몸에 흘러요	23
우파루파 영원히 어린 시절의 모습으로 살아가요	27

두 번째 코스

오물오물 동물원

레서판다 매일매일 대나무를 먹느라 바빠요	34
고래상어 덩치는 크지만 작은 먹이가 좋아요	38
가마우지 세상에서 낚시가 가장 쉬워요	43
펭귄 살을 찌우는 데는 이유가 있다고요	47
큰뒷부리도요새 11일 동안 쉬지 않고 날 수 있어요	52

세 번째 코스

구리구리 동물원

벌꿀오소리 세상에서 가장 지독한 동물이에요	58
쇠똥구리 열심히 똥을 굴렸을 뿐인데 지구가 깨끗해져요	62
고릴라 내가 바로 정글의 방귀 대장	67
사향노루 수줍음이 많지만 화장실은 같이 써요	72
매미 공포의 오줌 싸기 능력을 갖고 있어요	76

네 번째 코스
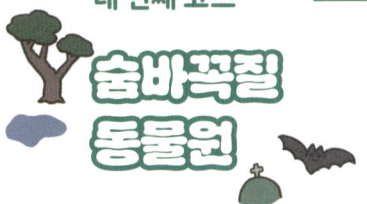
숨바꼭질 동물원

민부리고래 바다 가장 깊은 곳까지 갈 수 있어요	82
상어 아무리 숨어도 레이더를 피할 수 없어요	88
곰장어 미끌미끌해서 잡아먹기 쉽지 않아요	92
박쥐 알고 보면 생태계 물리학 박사랍니다	96
뱀 눈을 감고도 볼 수 있어요	100

다섯 번째 코스

헤롱헤롱 동물원

폭탄먼지벌레 함부로 건들면 몸 안의 폭탄이 터져요	106
청자고둥 독침으로 먹이를 사냥해요	110
말벌 호시탐탐 꿀벌의 집을 노려요	113
전갈 천적에겐 잔인하지만 새끼에겐 따뜻해요	118
쏨뱅이 돌부리인 줄 알고 찼다간 큰일 나요	122

벌거숭이두더지쥐

조금 못생겼지만 늙지 않아요

못생겼다는 말?
하나도 안 아파!

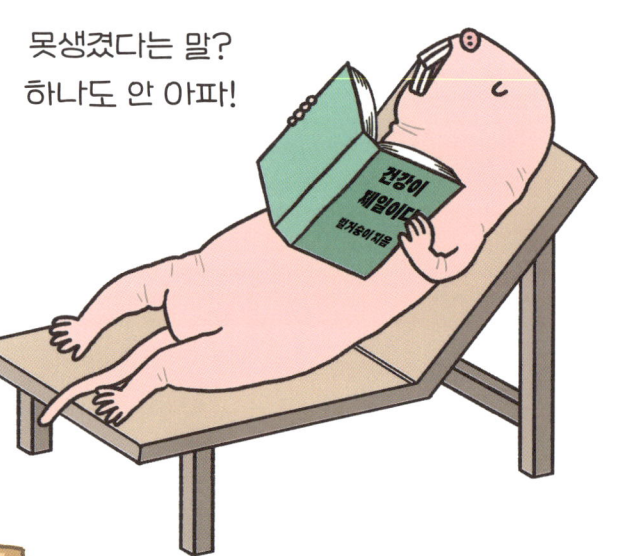

능력치

앞니로
진동·기류
파악하기

★★★★★

동물원 속 과학

동물의 생활,
생물과 환경

<u>분포</u>	아프리카 동쪽 지역
<u>분류</u>	설치류
<u>크기</u>	몸길이 8~10cm 무게 30~35g
<u>식성</u>	대형 식물의 뿌리줄기 등 초식성

보이지도, 들리지도 않고 물도 안 마신다고?

동물 중에 못생기기로 1, 2등을 다투는 벌거숭이두더지쥐는, 그다지 오래 쳐다보고 싶은 얼굴은 아닙니다. 털이 없어 몸속이 비치는 분홍 피부에, 아주 작은 눈을 가지고 있고, 귀는 보이지도 않아요. 거기에 긴 뻐드렁니가 두 개 나 있지요. 신이 있다면 대체 왜 이 친구에게 모든 못생김을 몰아줬을까요?

벌거숭이두더지쥐는 아프리카 동쪽에 살아요. 땅굴을 파고, 그 속에서 여러 마리의 두더지쥐들이 옹기종기 모여 삽니다. 무리에서 오로지 한 마리의 암컷만이 후손을 낳고, 나머지는 일만 해요. 비좁아 터진 곳에서 살면서도 서로 짜증 내지 않고 지내는 것을 보면 성격이 참 좋나 봅니다.

주로 알뿌리식물인 구근식물의 뿌리를 파먹으면서 살아가는데, 아주 긴 알뿌리를 발견하면 속 부분만 파먹고 겉은 남겨둡니다. 그러면 알뿌리가 오랫동안 신선한 상태로 유지되기도 하고, 때로는 다시 자라나서 먹이를 오랫동안 제공하기도 하거든요. 의외로 미래를 생각할 줄 아는 현명

함을 갖추었네요.

　벌거숭이두더지쥐는 물을 절대 마시지 않아요. 필요한 수분은 오로지 먹이에서 얻는답니다. 주로 소화가 잘 안되는 식물의 섬유소를 먹기 때문에, 이를 분해할 수 있는 박테리아를 위에서 길러서 소화를 도와요. 그리고 다시 자신들의 똥을 먹어 그 속에 남아 있는 영양소를 모두 흡수하려고 노력하지요.

통증도 안 느끼고 암에도 안 걸린다고?

벌거숭이두더지쥐는 아주 놀라운 능력을 여러 개 가지고 있어요. 이 친구들 중에는 37년이나 산 녀석도 있는데, 사람으로 치면 1,000살까지 사는 셈입니다.

　이 기괴한 생물체는 나이가 들면 걸리기 쉬운 암 같은 질병에도 걸리지 않고, 산과 같이 지독한 약품에도 통증을 느끼지 못해요. 땅굴에 살다 보면 높은 이산화탄소 농도 때문에 몸에 산이 축적되기 쉬운데, 산이 쌓여 생기는 문제를 피하기 위해 진화한 것이겠지요. 또 쥐와 같은 설치류들은 가려움을 많이 느끼지만, 이 친구들은 가려움도 느끼지 않아요.

너무 작은 눈은 먼 것이나 다름없고, 귀도 없어요. 그 대신 후각이 매우 발달했답니다. 또 땅의 진동과 공기의 흐름을 읽을 수 있다고 해요. 그럼 대체 어디로 진동을 느낄까요? 바로 이 녀석들이 가지고 있는 긴 앞니로 느낀다고 해요. 앞니로 주변 세상을 파악하며 살아가는 것이지요. 뿌리만 갉아 먹던 것이 아니었군요!

그런데 생각해 보니 이 친구들은 어차피 앞을 못 보니, 자신이 어떻게 생겼는지 모르겠네요. 보이진 않지만 이빨로 주변을 파악할 수도 있고, 뿌리와 똥도 맛있게 먹을 수 있으며, 암에 걸리지 않고 오래 사니 그것으로 충분히 행복하지 않겠어요?

하지만 '안 본 눈 삽니다. 오래 사는 것 하나도 안 부럽네요'라고 외치고 싶은 것은 왜 그런 걸까요?

사막여우

큰 귀로 변덕스러운 사막의 날씨를 견뎌요

Q. 사막에서 살아남은 비결은?
① 귀여움 ② 귀 크기

능력치

뜨거운 사막 걷기
★★★★★

물 안 마시고 참기
★★★★★

분포 아프리카 북부 사막지대

분류 포유류

크기 몸길이 36~41cm
       무게 약 1.5kg

식성 작은 척추동물, 곤충, 도마뱀,
       식물 등 잡식성

동물원 속 과학

동물의 생활,
생물과 환경

사막여우의 귀가 큰 이유는?

만화영화 〈뽀로로〉에는 사막여우인 발명가 에디가 나와서, 얼음으로 뒤덮인 곳에서 펭귄과 함께 살아요. 원래 펭귄이 사는 남극에는 나무가 없는데, 뽀로로가 사는 곳에는 나무가 있군요. 도저히 안 어울리는 조합인 북극곰과 비버도 나오네요. 역시 동물들의 세상이 마구 뒤엉킨 재미있는 만화네요.

실제로 사막여우가 사는 곳은 사하라 사막에서 시나이 반도까지 걸친 북아프리카의 사막지대랍니다. 물이라고는 구경조차 할 수가 없는 건조한 곳이지요.

사막여우의 털색은 황토색에 가까운 모래색으로, 한낮의 햇볕을 반사하고 체온을 유지하는 데 큰 도움을 줘요. 사막은 낮에 뜨겁지만, 밤에는 아주 추워지는데요. 복슬복슬한 털은 보온 효과도 좋지요. 발바닥에도 털이 빼곡하게 나 있어서 뜨거운 모래를 밟아도 '앗, 뜨거워!' 하고 놀라지 않으면서 사뿐사뿐 걸을 수 있답니다.

사막여우의 모든 것이 사막에서 살아가기에 참으로 적합

한데요. 먼저 사막여우의 큰 귀가 그러하지요. 온도가 높은 낮, 커다란 귀는 몸의 열기가 잘 빠져나가도록 해줘요. 그래서 체온이 높아지지 않게 도와주지요. 또 큰 귀를 이용해서 사막의 모래 속에 숨어 있는 곤충과 같은 먹잇감도 찾아낸답니다. 사막여우는 큰 귀로 곤충이 내는 아주 작은 소리까지 들을 수 있어서 순식간에 모래를 파내고 먹이를 잡아먹을 수 있거든요.

사막에서 살아 나갈 수 있도록 진화했다고?

아무리 빛을 잘 반사하는 털을 가지고 있어도 뜨거운 햇볕을 계속 받으면 힘들겠지요? 그래서 사막여우들은 모래 속에 굴을 파고 살아요. 사람들이 사는 40평대 아파트 정도의 넓이로 굴을 판다니 놀랍죠? 몸은 작지만 큰 집에서 사는 것을 좋아하나 봐요.

  사막여우는 잡식성이라 뭐든 가리지 않고 잘 먹습니다. 곤충, 새, 작은 포유류도 잡아먹고, 나무 열매와 구근식물의 뿌리도 먹으면서 살아가지요. 이 중 특히 식물에서 수분을 많이 얻어요.

일반 여우는 쥐와 같은 사냥감을 잡은 후에 이를 땅에 묻어놨다가 나중에 먹는데, 사막여우도 같은 행동을 보일 때가 있다네요. 자기 몸보다 큰 토끼를 잡아먹기도 하고요. 작아도 여우는 여우로군요.

사막여우의 가장 특이한 성질은 사하라 사막에서 육식을 하는 동물 중 유일하게 물을 안 마시고 살아갈 수 있다는 거예요. 만약 물을 마실 수 있는 상황이라면 마다하지 않겠지만, 먹이에 든 수분만으로도 꽤 오랜 시간을 버틸 수 있답니다. 사막여우의 신장이 사막의 건조한 기후에 완전히 적응해서 물의 손실을 최소화하도록 진화했기 때문이지요.

〈뽀로로〉 속 에디는 큰 귀로 인해 눈 덮인 숲속 마을에서 살면 얼어 버릴 거예요. 그러니 추운 곳이 고향인 뽀로로에게 모자를 씌우는 대신, 에디의 큰 귀에 귀마개를 꼭 씌워주세요. 그런데… 메뚜기와 같은 곤충을 먹고 살아야 하는 에디가 눈 덮인 숲속 마을에서 먹이를 구할 수 있을까요? 흠, 매우 걱정되는군요….

어떻게 천장을 자유자재로 기어다닐까?

하와이와 같은 아열대 기후 지역에 가면 건물의 처마나 천장에서 기어다니는 도마뱀붙이라는 귀여운 친구들을 만날 수 있답니다.

이 친구들은 도마뱀이 아닌데 비슷하게 생겼다고 해서 '무언가를 닮은 것'을 뜻하는 접미사 '-붙이'를 붙여서 도마뱀붙이라고 불러요.

표범이나 사자 같은 동물이 나무에 오를 수 있는 이유는 아주 날카로운 발톱을 나무에 박아 넣을 수 있기 때문인데요. 도마뱀붙이는 날카로운 발톱을 사용하거나 발에 끈끈이 성분이 없이도 천장에 잘 매달릴 수 있답니다. 마치 스파이더맨을 보고 있는 것 같지요. 도마뱀붙이의 발바닥에는 대체 무엇이 있길래 천장에 매달려서 기어다닐 수 있을까요?

그 비밀을 밝혀내기 위해 과학자들은 도마뱀붙이의 발바닥을 관찰했는데요. 현미경으로 도마뱀붙이의 발바닥을 확대해 보면 발바닥 피부가 마치 털이 난 것처럼 수없이 갈라져 있고, 갈라져 있는 주름마다 200나노미터 정도의 두께를 지니는 미세한 털이 빽빽하게 나 있는 것을 확인할 수 있어요. 그래서 도마뱀붙이가 발을 디딜 때마다 수십억 개의 털과 벽면 사이에 분자 간 상호 작용이 생겨, 미끄러지지 않고 벽이나 천장에 오를 수 있는 거랍니다.

접착제 없이도 잘 달라붙는 원리는?

만약 도마뱀붙이 발바닥과 같은 구조의 물질을 만든다면, 그 또한 성분에 관계없이 어떤 표면에든 쩍쩍 달라붙을 수 있을까요?

  이 질문에 답하기 위해 과학자들은 플라스틱으로 도마뱀붙이의 발바닥과 유사한 나노구조를 만들어 보았어요. 그 결과, 성분은 다르지만 구조가 같은 인공 발바닥 또한 어떤 표면에서든 쩍쩍 달라붙었답니다.

  분자와 분자 사이에 적당한 거리에 있을 때는 서로를 잡아당기는 판데르발스 인력이 생기는데요. 도마뱀붙이의 발바닥과 천장 표면 사이에 판데르발스 인력이 강하게 생기기 때문에 이런 현상이 일어난다는 것을 알게 되었답니다.

즉, 도마뱀붙이의 발바닥 피부를 이루는 나노섬유는 나무나 벽, 천장 등 어떤 표면이든 상관없이, 발바닥과 표면 사이에 강한 판데르발스 인력이 존재하게 해 주고, 이 덕분에 도마뱀붙이는 아무런 접착 성분 없이도 어디든 잘 붙어서 기어다닐 수 있는 거예요.

실은 도마뱀붙이만 이런 원리를 사용하는 것은 아니에요. 파리나 거미도 발바닥 피부가 털과 같은 모양이거든요. 하지만 도마뱀붙이는 나노구조를 이용해 벽에 기어다닐 수 있는 가장 무거운 생물이라는 점에서 특별하지요.

도마뱀붙이 발바닥의 나노구조를 이용한 다양한 제품 개발이 이어지고 있는데요. 접착제가 필요 없는 접착테이프도 그중 하나랍니다.

수상한 과학자의 탐구일지

나노미터란 얼마큼의 단위일까?

1나노미터란 10억 분의 1미터로, 우리 눈으로 절대 볼 수 없이 작은 크기랍니다. 도마뱀붙이 발바닥 피부는 맨눈으로 볼 수 없는 나노섬유로 이루어져 있는데요. 주사전자현미경이라는 현미경으로 보면 이런 나노 패턴도 볼 수 있어요.

전기뱀장어

찌릿찌릿, 강력한 전기가 몸에 흘러요

뽀뽀를 했더니 감전됐어요…

동물원 속 과학
동물의 생활, 생물과 환경

능력치
물 밖에서 숨쉬기
★★★★★
늪지대에서 먹이 찾기
★★★★★

분포	남아메리카 아마존강
분류	어류
크기	최대 약 2m
식성	무척추동물, 어류와 작은 포유류 등 육식성

어두운 늪지대에서도 먹이의 위치를 알아차린다고?

어두운 밤, 한 치 앞도 보이지 않는 뿌연 흙탕물 속에서 기다란 물고기 한 마리가 조용히 헤엄치고 있습니다. 앞에 작은 물고기가 있다는 것을 알아챈 녀석은 조심스럽게 다가가 입으로 툭 건드립니다. 이때 긴 물고기가 순식간에 정신을 잃고 해롱거리는 작은 물고기를 꿀꺽 삼켜버려요. 도대체 무슨 일이 일어난 걸까요?

몸이 긴 녀석의 이름은 전기뱀장어라고 해요. 전기 충격으로 작은 물고기를 사냥한 것이지요. 전기뱀장어는 이름이 무색하게도 뱀장어와는 꽤 거리가 있는 종으로, 생물학적으로는 오히려 메기에 더 가깝답니다.

전기뱀장어는 주로 어둡고 물이 뿌연 늪지대에 살면서 2분마다 물 밖으로 입을 내밀어 공기로 숨을 쉬어요. 물 밖에 나와서도 피부만 촉촉하게 유지할 수 있다면 몇 시간도 살아 있을 수 있다네요. 가물치도 물 밖에 나와서 숨을 쉴 수 있는데, 뱀처럼 생긴 물고기 녀석들은 아주 특이한 능력을 가지고 있군요.

전기뱀장어는 공기로 숨을 쉬기 때문에 굳이 깨끗한 물에서 살 필요가 없어요. 눈이 아주 좋은 편은 아니지만, 다른 물고기가 내는 전기 신호를 포착해서 위치를 추적할 수 있지요. 어둡고 뿌연 늪지대에서는 아무리 눈이 좋은 물고기라고 해도 시야가 어두워져 위험을 알아채기 어려운데요. 그러니 전기 신호로 위치를 알아채는 전기뱀장어에게는 안성맞춤인 서식지이겠지요.

 길이가 길수록 높은 전압을 낼 수 있다고?

전기뱀장어의 근육세포는 마치 하나의 건전지와 같아서, 이 근육세포들을 일렬로 연결하면 높은 전압을 얻을 수 있어요. 연결하는 전지의 개수가 많을수록 전압이 더 커지듯이, 전기뱀장어의 근육세포들이 많이 연결될수록 높은 전압을 얻을 수 있겠지요. 그래서 전기뱀장어는 길이가 길수록 더 높은 전압을 낼 수 있답니다.

전기뱀장어는 죽을 때까지 계속 척추뼈가 자라요. 그래

서 전기뱀장어가 아주 길다면 이 녀석은 오래 살았으며, 높은 전압을 만들어 낼 수 있다고 보면 되겠지요. 긴 녀석은 무려 2미터까지 자라나 860볼트의 전압을 만들어 낼 수 있다고 하니, 살아 있는 전기발전소나 다름없군요.

전기뱀장어가 전기를 만들어내는 것도 놀라운데, 이들은 대체 왜 이렇게 높은 전압을 만들어야 할까요? 그 비밀은 바로 이들이 서식하는 민물에 있습니다. 바닷물에는 소금을 포함한 다양한 염분들이 녹아 있어서 전기가 잘 통하지만, 민물에는 전기를 흘려보내 줄 물질이 거의 없어요. 그러니 아주 높은 전압을 이용해야만 먹이에 전기를 흘려서 사냥할 수 있는 것이지요.

최근에 밝혀진 새로운 사실에 따르면, 전기뱀장어들이 때로는 떼를 지어 사냥한다고 하네요. 어휴, 악당들이 무리를 지어 전기충격기를 쥐고 돌아다닌다고 생각해 보세요. 아찔하지요? 아마존의 작은 물고기들이 오늘 밤도 무사히 보낼 수 있기를 바라봅니다.

우파루파

영원히 어린 시절의 모습으로 살아가요

엄마랑 나랑
닮은 꼴이야!

동물원 속 과학

생물의 한살이

능력치

조직 재생하기
★★★★★

분포	전 세계
분류	양서류
크기	몸길이 20~30cm
식성	곤충, 작은 물고기 등 육식성

왜 우파루파는 어른이 되지 않는 걸까?

커다란 눈, 미소 짓듯 위로 향한 입꼬리, 삐죽삐죽 뻗친 머리털처럼 보이는 붉은 아가미를 가진 우파루파를 좋아하지 않는 사람은 많지 않을 거예요. 양서류는 대부분 어릴 때 물속에서 아가미로 숨을 쉬며 살다가, 어른이 되면서 공기로 호흡할 수 있게 되면서 육상으로 올라가 살 수 있답니다. 하지만 우파루파는 이러한 과정을 거치지 않고, 개구리에 비교하자면 올챙이의 모습으로 계속 살아가요. 도롱뇽계의 피터 팬이라고 할 수 있겠네요. 놀라운 점은 이 모습 그대로 살아가면서 알을 낳고 후손도 본다는 점이에요.

도대체 왜 우파루파는 어른이 되지 않는 걸까요? 여러 주장이 있지만, 우파루파가 야생에서 살아가던 호수는 굳이 성체가 될 필요가 없을 정도로 살기 좋아서라는 주장이 있어요. 이 호수는 절대로 마르지 않고, 우파루파가 물속에서 살아가는 데 필요한 모든 것을 제공해 주기 때문에 굳이 다른 도롱뇽처럼 성체로 변해서 육상으로 올라갈 필요가 없다는 것이지요. 긴 세월 동안 이러한 환경에 적응한 우파루파는 영원히 어린 모습으로 살아가는 유전자를 선택했나 봅니다.

귀여운 겉모습에 가려진 우파루파의 본모습?

전 세계적으로 우파루파를 애완용으로 기르는 사람이 많아서, 우파루파가 멸종 위기종이라는 사실을 아는 이는 많지 않아요. 하지만 야생 우파루파는 멕시코의 소치밀코 호수에서밖에 볼 수 없고, 그나마도 남은 숫자가 채 100마리도 되지 않는다고 해요. 산업화 때문에 호수가 오염됐고, 호수로 유입된 외래종 어류들이 우파루파의 알을 다 먹어 치웠기 때문이에요.

 애완용 우파루파는 실은 몇 마리 되지 않는 조상으로부터 유래됐기 때문에 유전적 다양성이 아주 부족해요. 흔히 볼 수 있는 분홍색, 흰색, 오렌지색 피부의 우파루파들은 자연에서는 볼 수 없는, 관상용으로 길러낸 돌연변이들이랍니다. 예를 들어, 야생 붕어가 실제로는 어둡고 칙칙한 피부색을 가진 반면에 관상용으로 만들어낸 금붕어는 화려한 색깔을 가지고 있듯이 말이에요.

실제 야생 우파루파는 어둡고 칙칙한 색을 가지고 있어요. 그렇다고 멸종 위기를 막기 위해 애완용 우파루파를 소치밀코 호수에 풀어야 할까요? 그래도 멸종 위기가 해소되기는 어려울 거예요. 유전적으로 다양하지 않고, 자연 생태계에서 잘 적응하리라는 보장이 없기 때문이지요.

우파루파는 조직 재생 능력이 아주 뛰어나요. 다리가 하나 잘려도 시간이 지나면 새로운 다리를 만들어낼 수 있어요. 어른이 되지 않는 것도 놀랍고, 불사신처럼 신체 조직을 다시 만들어내는 능력도 놀랍네요.

최근에는 이러한 우파루파의 조직 재생 능력을 연구해서, 사람의 조직을 재생하려는 연구가 이루어지고 있다네요. 연구가 잘 이루어져서 사고로 다리나 팔을 잃거나 코나 귀 등 신체 부위에 손상을 입은 사람들이 사고 이전의 모습으로 돌아갈 수 있는 날이 빨리 오면 좋겠네요.

참, 우파루파의 작은 미소에 속으면 안 돼요! 먹잇감 앞에서 우파루파의 작은 입은 진공청소기가 되어버리거든요. 먹이를 흡입하기 위해 입을 여는 순간, 작은 물고기나 다른 물고기의 알, 고둥, 갑각류 등이 순식간에 빨려 들어갈 거예요. 또, 다른 우파루파와 같이 사육하면 다른 녀석을 잡아먹어 버릴 수도 있다고 해요. 귀여운 겉모습과 본모습은 많이 다를 수 있으니 충격에 빠지지 않도록 조심하세요!

레서판다

매일매일 대나무를 먹느라 바빠요

너구리가 아니에요!

능력치
한 손으로
대나무 먹기
★★★★★

분포	히말라야산맥 남서쪽, 중국
분류	포유류
크기	50~64cm 무게 3~5kg
식성	대나무, 도토리, 식물 뿌리, 새의 알 등 잡식성

동물원 속 과학
동물의 생활

육식동물이 초식을 한다고?

레서판다 두 마리가 대나무 다리에서 만났습니다. 등과 꼬리를 말면서 머리를 아래위로 흔들어 대더니, 사람처럼 두 다리로 벌떡 일어서서 앞발을 하늘로 치켜들고 서로를 위협하는군요. 윽! 심장이 너무 아프네요. 귀여워서요.

조그만 머리에 삼각형의 귀, 앙증맞은 코와 입, 털이 보글보글 나 있어서 통통해 보이는 긴 꼬리…. 대체 어디에서 이런 귀여운 생명체가 탄생했을까요?

히말라야산맥 남서쪽에 서식하는 레서판다는 유연한 관절과 날카로운 발톱을 가지고 있어 나무를 아주 잘 탑니다. '판다'라는 이름 때문에 대나무를 먹는 대왕판다와 비슷한 종일 것 같지만, 레서판다는 완전히 다른 종이에요. 오히려 족제비, 스컹크, 너구리 등과 친척 관계에 있어요.

그런 레서판다가 대왕판다처럼 대나무를 주식으로 삼는 것은 특이한 일이에요. 레서판다는 생김새도, 내장 구조도 초식동물이 아닌 육식동물이기 때문이지요. 그런데 대체 왜 레서판다는 대나무를 주식으로 삼게 되었을까요? 어쩌면 1년 내내 얻을 수 있는 유일한 음식이 대나무여서 그럴 수도 있답니다.

 그렇다고 레서판다가 대나무만 먹는 것은 아니랍니다. 꽃, 딸기류의 열매, 도토리, 식물의 이파리도 먹어요. 그리고 때때로 운이 좋으면 '늘 풀떼기만 먹으니까 힘들군. 가끔은 육식동물답게 고기를 먹어줘야지' 하며 동물의 알이나 새, 작은 포유류들도 먹는답니다.

 하지만 늘 대나무를 손에 쥐고 있는 걸 보면, 레서판다는 역시나 초식을 더 선호하나 봐요. 햄버거를 먹고 와서도 밥에 나물을 넣고 고추장을 비벼 먹어야 직성이 풀리는 한국인들처럼 말이지요.

매일 몸무게 3분의 1 정도의 대나무를 먹는 이유는?

육식동물의 짧은 내장은 대나무에 든 단백질이나 지방을 완전히 다 흡수하기에 적합하지 않아요. 두 시간만 지나면 위에서 음식물이 다 빠져나가 버리니까요. 레서판다는 주로 대나무를 먹어서 영양소 섭취가 부실한데, 먹는 양의 3분의 1 정도를 소화한다고 해요. 그렇기에 아주 많은 양의 대나무를 먹어야만 필요한 영양소를 섭취할 수 있지요.

레서판다는 몸무게가 많이 나가야 15킬로그램밖에 되지 않는 작은 동물이에요. 그렇지만 하루에 대나무 잎 1.5킬로그램과 죽순 4킬로그램을 먹는답니다. 몸무게의 3분의 1이나 되는 양을 매일매일 먹는 것이지요. 대나무 이파리보다는 죽순이 훨씬 잘 소화되는데, 죽순이 잘 자라는 여름에는 소화가 잘되겠지만, 죽순이 나지 않는 겨울에는 대나무만 먹어야 하니 소화가 더 어렵겠지요.

그래도 소화 능력만 따지면 대왕판다보다 훨씬 뛰어나답니다. 그 이유는 레서판다의 위에 사는 미생물들이 대나무의 소화를 도와주기 때문이에요. 레서판다의 장에서 발견되는 균의 종류는 다른 포유류에 비해 그 수가 적지만, 대나무 소화에 특화된 균들로 가득 채워져 있거든요.

날카로운 이빨과 발톱을 가진 육식동물의 생김새에, 뱃속의 장도 육식동물의 것이지만 대나무를 즐겨 먹는 선택적 채식주의자, 거기에 심장을 폭격하는 치명적인 귀여움까지! 레서판다는 여러 면에서 상식을 깨는 동물이군요.

고래상어

덩치는 크지만 작은 먹이가 좋아요

고래보다 상어보다
내가 더 착해~

거짓말…

능력치

플랑크톤
흡입하기
★★★★★

<u>분포</u>	전 세계
<u>분류</u>	어류
<u>크기</u>	몸길이 12m 내외 무게 15~20t
<u>식성</u>	갑각류, 연체류, 플랑크톤, 작은 물고기 등 잡식성

동물원 속 과학

동물의 생활,
생물과 환경

사람에게만은 친절한 고래상어, 물고기에게는?

스쿠버 다이빙을 하다가 갑자기 주변이 어두워지면 엄청 무서울 거예요. 잠시 앞이 보이지 않는 사이에 무시무시한 상어가 나타날 수 있잖아요? 하지만 이 상어가 나타난다면 안도의 한숨을 쉬어도 좋아요. 바로 바다의 온순한 거인, 고래상어입니다. 실제로 스쿠버 다이버가 다가가서 고래상어를 만져도 그저 쓰윽 지나갈 뿐이라고 하네요.

고래상어는 80~130년 정도의 생애 주기를 가졌다고 해요. 오래 살면서 크기가 계속 커지는데, 약 19미터나 되는 고래상어도 있다고 하네요. 버스 두 대를 합쳐 놓아야 할 정도의 길이니 엄청나지요.

고래상어는 입도 어마어마하게 큽니다. 몸길이가 12미터인 고래상어의 입 길이가 1.55미터나 된다고 하니, 20미터에 육박하는 고래상어의 입은 성인 남자의 키보다도 더 넓을 수 있겠군요.

이렇게 큰 입을 가진 고래상어가 혹시 사람을 꿀꺽 삼키면 어떻게 하나 걱정되나요? 걱정하지 마세요. 고래상어가 사람을 삼킬 일은 없으니까요. 고래상어는 덩치가 크지만, 먹잇감의 크기는 정말 작거든요. 주로 물고기의 알, 크릴, 새끼 물고기나 오징어와 같이 아주 작은 먹이를 걸러 먹는답니다.

사람에게는 친절한 고래상어, 하지만 물고기나 오징어들에게는 악마와 같은 존재랍니다. 물고기들은 때때로 떼로 짝짓기를 해요. 수많은 암컷 물고기가 알을 낳으면 그 위에 수컷들이 모여들어 정액을 뿌려 대면서 수정을 시키는 것이지요. 그런데 고래상어는 이 순간을 기가 막히게 포착해서 알을 순식간에 먹어 치워 버려요. 그래서 물고기들이 새끼를 낳을 확률을 어마어마하게 낮춰버리죠.

그뿐만이 아니에요. 작은 물고기들이 자라는 곳에 쳐들어와서 흡입해 버리기도 한답니다. 물고기나 오징어는 고래상어에게 복수하고 싶겠지만, 너무나 큰 덩치 차이 때문에 아무것도 하지 못한 채 쫓길 수밖에 없어요.

한참 자라는 성장기의 고래상어는 하루에 약 20킬로그램의 플랑크톤을 먹이로 섭취하는데요. 플랑크톤의 작은 크기를 생각해 보면, 플랑크톤을 먹이로 삼는 정말 많은 물고기와 오징어가 희생되는 것이나 다름없어요.

하지만 그렇다고 고래상어를 너무 미워하지는 않았으면 해요. 바다는 넓고, 고래상어의 수는 너무나 적어서 이 정도의 플랑크톤을 먹어 치운다고 생태계에 문제가 생기는 것은 아니니 말이에요.

 미세플라스틱과 플랑크톤을 구분하기 어렵다고?

고래상어는 크게 두 가지 방식으로 먹이를 먹어요. 첫 번째는 입을 크게 벌리고 천천히 헤엄치면서 입안으로 먹이가 들어와 걸러지게 하는 방식, 두 번째는 먹이를 향해 돌진해서 먹이가 가장 많이 모여 있는 부분의 물을 흡입해 먹이를 걸러 먹는 방식이에요.

입을 크게 벌리고 천천히 헤엄을 치는 방식은 먹이가 물에 퍼져 있을 때 사용하는데, 이렇게 먹으면 에너지를 아주 적게 사용할 수 있어요. 반면 먹이가 많이 모여 있을 때는 물을 흡입해서 걸러 먹는 게 훨씬 많은 먹이를 효과적으로 먹는 방식이겠지요.

참고로 돌묵상어라는 상어는 입을 벌리고 먹이를 흡입하는 방식만을 사용한다고 하는데, 상황에 따라 먹는 방식을 달리하는 고래상어가 좀 더 효율적으로 살아간다는 생각이 드는군요.

고래상어나 돌묵상어와 같이 먹이를 걸러 먹는 동물들은 바다에 떠다니는 미세플라스틱에 매우 취약해요. 크기가 작아서 플랑크톤과 전혀 구분되지 않고, 소화도 안 돼서 내분비계에 문제를 일으키거든요.

바다 생태계가 건강해져서 고대로부터 살아오고 있는 바다의 거인이 앞으로도 계속 잘 살아갈 수 있다면 좋겠네요. 그러면 미래의 스쿠버다이버들도 소중한 추억을 만들어 갈 수 있을 테니까요.

가마우지

세상에서 낚시가 가장 쉬워요

낚시가 제일 쉬웠어요

동물원 속 과학
동물의 생활, 생물과 환경

분포	남아메리카, 뉴질랜드 갈라파고스제도, 아시아 등
분류	조류
크기	몸길이 75~85cm
식성	물고기, 수생 무척추동물 등 육식성

능력치

물고기 사냥
★★★★☆

잠수하기
★★★★★

어부들이 가장 싫어하는 새는?

어부들이 가장 싫어하는 새는 무엇일까요? 아마도 가마우지일 겁니다. 훌륭한 수영과 잠수 실력을 뽐내며 물고기들을 게걸스럽게 해치워 버리기 때문이지요. 가마우지는 물갈퀴가 있는 발로 무려 45미터 수심까지 순식간에 잠수해서 물고기를 사냥할 수 있어요.

놀라운 점이라면 가마우지는 날 때보다 헤엄칠 때 에너지를 훨씬 더 아낄 수 있다는 거예요. 그래서 물고기의 세상인 물속에서 물고기보다 더 빨리 헤엄치며 물고기를 사냥할 수 있지요. 이 능력으로 어부들이 그물에 몰아 놓은 물고기들을 먹어 치워 버리니 얼마나 얄미울까요?

한강에도 가마우지 떼가 찾아와서 강에 있는 물고기를 먹어 치운다니, 이를 좋아해야 하나 말아야 하나 고민이 되는군요. 그래도 새와 물고기가 공존하는 깨끗한 환경에서 우리가 살고 있다는 걸 감사해야 하겠지요?

인간과 가마우지는 공존할 수 있을까?

어부들이 가마우지를 이용해 물고기를 잡기도 했는데요. 이는 고대부터 이집트, 페루, 한국, 인도, 중국 등에서 이어져 온 기발한 방법이에요. 이제 가마우지 어획 방법은 거의 자취를 감추었지만, 중국에서는 오늘날까지 무려 1300년 동안이나 이 전통을 이어가고 있다는군요. 물론 실제로 물고기를 잡기 위해서가 아니라 전통을 잇기 위해 남겨놓은 것이지만요.

가마우지를 이용해 물고기를 잡는 방법은 다음과 같아요. 먼저 목에 올가미를 약하게 감은 가마우지를 강에 풀어둔답니다. 이때 가마우지가 작은 물고기를 잡으면 삼킬 수 있지만, 큰 물고기를 잡으면 물고기가 가마우지의 목구멍을 통과하지 못하고 목에 걸리겠지요? 이때 어부들은 가마우지를 끌어내어 물고기를 빼앗아요. 그러고는 다시 물속으로 가마우지를 집어넣지요.

기껏 크고 맛있는 물고기를 잡았는데 인간에게 빼앗긴 가마우지는 얼마나 속상할까요? 게다가 자유롭게 하늘을 날거나 강에서 헤엄치지 못한 채 물고기 잡는 노예로 살아가야 한다니요.

일부 가마우지는 돌을 이용해 조개를 깰 수 있다고도 해요. 헤엄도 잘 치고 잠수도 잘하고 심지어 도구도 잘 이용하는 멋진 새군요. 그런데 이 놀라운 사냥 능력 때문에 짜증이 난 어부들이 가마우지 개체 수를 줄이기 위해 총으로 사냥하거나 알을 깨버리는 경우가 있다고 해요.

긴 세월 동안 진화에 진화를 거듭하면서 헤엄치고 잠수하는 능력까지 길러 환경에 적응해 왔는데, 어느 순간 갑자기 지구를 정복해 버린 인간들에게 핍박받게 된 가마우지들은 무슨 생각을 할까요? 가마우지와 인간이 사이좋게 살아가는 세상을 꿈꾸는 것은 과한 욕심일까요?

펭귄

살을 찌우는 데는 이유가 있다고요

산소 탱크? 그런 거 필요 없어!

동물원 속 과학	동물의 생활, 생물과 환경

분포	남반구
분류	조류
크기	40~120cm
식성	물고기, 갑각류 등 육식성

능력치

빠르게 헤엄치기
★★★★★

모여서 추위 이기기
★★★★★

더 깊이 잠수하기 위해 덩치를 키운다고?

가마우지는 새임에도 불구하고 나는 것보다 헤엄치는 게 더 쉽다고 배웠어요. 생존을 위해 진화해 온 것이지요. 하지만 펭귄에 비하면 가마우지의 진화는 명함도 못 내밀 정도랍니다. 가마우지는 여전히 날개를 사용해 날아야 하지만, 펭귄은 날개의 형태를 완전히 변화시켜 물개와 같은 물갈퀴를 만들었기 때문이에요. 환경에 적응하기 위해 진화한 펭귄은 일생의 반은 땅 위에서, 나머지 반은 바다에서 살아간답니다.

물속에서 펭귄은 마치 새가 하늘을 날 듯 물갈퀴를 펄럭거리며 빠르게 헤엄쳐요. 가장 빠른 펭귄인 젠투펭귄은 물속에서 무려 시속 36킬로미터의 속도로 헤엄칠 수 있지요. 단거리 육상 선수가 달리는 속도와 비슷하니 정말 빠르지요?

물속에 깊이 잠수하기 위해서는 피 속에 산소를 많이 저장해야 하는데요. 몸이 더 크면 산소를 저장한 피의 부피도 더 커져서 깊은 곳까지 잠수할 수 있겠지요? 펭귄도 마찬가지랍니다. 작은 펭귄은 얕은 물에서 물고기를 사냥하며 살지만, 황제펭귄처럼 큰 펭귄은 550미터나 되는 깊은 곳까지 잠수하며 물고기를 사냥할 수 있어요. 민부리고래는 무려 3킬로미터나 되는 곳까지 잠수할 수 있는데, 고래의 큰 덩치가 도움이 되기 때문이랍니다.

 추운 남극에서 살아가기 위해 필요한 것은?

대부분 펭귄이 사는 곳은 남극처럼 추운 곳인데요. 펭귄은 추위를 이기며 살아가기 위해 몸을 보호하는 다양한 방법을 개발했어요. 자세히 보면 펭귄의 몸은 땅 위에서 움직이기에 적합한 형태는 아니에요. 얼음 위에서 뒤뚱뒤뚱 걷다가, 물에 잠수하기 전에는 배를 얼음에 대고 몸을 쭉 밀어 입수하지요. 몸을 썰매처럼 사용해 에너지를 아끼면서 움직이는 거랍니다.

그뿐 아니라 펭귄의 깃털과 몸 사이에는 공기가 가득 차 있는데요. 이 공기층으로 헤엄칠 때는 몸이 물 위에 뜨는

힘인 부력을 얻고, 추운 겨울에는 체온을 보존할 수 있어요. 많은 새가 깃털과 몸 사이에 공기층을 두르는 방식으로 추운 겨울을 나는데, 펭귄도 마찬가지인 것이지요. 황제펭귄의 경우, 몸에 무려 네 가지의 서로 다른 깃털이 나는데 이는 펭귄이 체온을 잘 유지할 수 있도록 만들어진 구조랍니다.

펭귄이 땅 위에 있을 때는 깃털 속의 공기층이 생존을 도와주지만, 차가운 바닷물 속에 있을 때는 몸에 가득 찬 지방이 생존을 도와줘요. 펭귄은 체중의 30퍼센트가 지방인데, 지방은 연소되면서 필요한 에너지를 제공하고 몸을 보온하는 단열재로도 사용된답니다.

하지만 아무리 깃털과 지방이 몸을 감싸도, 추운 것은 추운 거예요. 펭귄은 서로 옹기종기 모여서 남극의 혹독한 추위를 이겨낸답니다. 어린 펭귄들은 어른들이 사냥을 나가고 없을 때, 어른들과 마찬가지로 서로 체온을 나누며 살아가는 법을 배워요. 혼자 뚝 떨어져 있을 때는 하루에 무려 200그램의 지방이 연소가 되는데, 같이 모여 있으면 그 절반만 연소해도 살아갈 수 있거든요. 그래서 좀 붐비고 짜증이 나더라도 다 같이 모여 있는 것이 생존에 훨씬 유리해요.

 땅에서는 뒤뚱거리는 모습을 보이지만 바닷속에서는 그 누구보다 날렵한 펭귄. 어려운 역경 앞에서 서로 의지하며 함께 이겨 나가는 펭귄은 진화와 협동의 끝판왕이라고 할 수 있겠네요.

큰뒷부리도요새

11일 동안 쉬지 않고 날 수 있어요

배고파도
조금 더
갈 수 있어…!

꼬르르륵

능력치

바다 위에 앉아 있기
☆

쉬지 않고 날기
★★★★★

동물원 속 과학

동물의
생활

분포	전 세계
분류	조류
크기	몸길이 12~61cm
식성	갑각류, 연체동물, 물고기 등 잡식성

그 어떤 새보다 오래 나는 비법은?

큰뒷부리도요새는 북극에서 여름을 보내고 그곳에서 새끼를 낳습니다. 그러다 겨울이 오면 따뜻한 곳을 찾아 먼 여행길에 오르지요. 그중 어떤 녀석들은 오스트레일리아와 뉴질랜드까지 이동하기도 해요.

큰뒷부리도요새는 세계 기록을 하나 보유하고 있는데요. 바로 한 번도 쉬지 않고 날아서 가장 먼 거리를 이동하는 것이 그것이에요. 실제로 어떤 녀석은 지구 북반구 끝에 있는 알래스카에서 남반구에 있는 오스트레일리아 대륙의 태즈메이니아까지 한 번도 쉬지 않고 13,560킬로미터를 날아갔는데요. 무려 11일이 넘는 기간 동안 물 한 모금 안 먹고, 잠 한숨 안 자며 오로지 날기만 했어요.

큰뒷부리도요새는 얕은 물에서 먹이 활동을 하며 살아가지만, 발은 뾰족하게 생겼어요. 즉, 헤엄을 치며 살아가도록 만들어지지 않았다는 의미예요. 그러니 만약 큰뒷부리도요새가 날다가 힘이 빠져서 깊은 바다 위에 앉게 되면, 물오리처럼 넓적한 물갈퀴가 없으니 다시 물을 박차고 날아오를 수 없어 생명을 잃게 될지 몰라요. 만약 큰뒷부리도요새가 알래스카를 떠나 목적지까지 가는 동안 날씨가 나빠지면 큰 위험에 빠질 수도 있겠죠? 이런 상황을 피하기 위해 온갖 노력을 하게 되는 것은 생명체로서는 당연한 행동인데요. 그렇다면 큰뒷부리도요새는 생명을 건 장거리 비행을 위해 어떤 노력을 할까요?

어마어마한 장거리 비행을 하기 위해서는 아주 많은 에너지가 필요해요. 큰뒷부리도요새도 이를 위해 많은 지방을 몸에 쌓기 위해 체중을 무려 두 배나 늘린답니다. 이 지방을 연소하면서 비행에 필요한 에너지를 얻는 것이지요. 어차피 나는 도중에는 먹지도 못하기 때문에 소화기관의 크기도 줄여버려요. 포동포동 살이 쪘지만, 누구보다 오래 그리고 잘 날 수 있는 방법이지요.

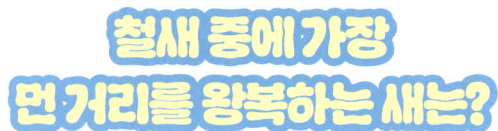
철새 중에 가장 먼 거리를 왕복하는 새는?

도요새는 쉬지 않고 긴 거리를 날 수 있지만, 총이동 거리

부문에서는 1등 자리를 놓쳤다네요. 철새 중에 가장 먼 거리를 왕복하는 새는 바로 북극제비갈매기래요. 이 새는 무려 1년에 8만 킬로미터의 거리를 이동할 수 있는데요. 북극에서 남극까지 날아서 왕복한다고 해요. 극지방을 어지간히 좋아하는 새인가 봐요.

  그래도 저는 쉬면서 긴 거리를 이동하는 북극제비갈매기보다 목숨을 걸고 차가운 바다 위를 날아 단번에 목적지까지 날아가는 큰뒷부리도요새가 더 멋진 새인 것 같아요! 목표를 이루기 위해 미리 준비해서 기필코 꿈을 이루어 버리는 큰뒷부리도요새, 멋지고 장하지 않나요?

벌 꿀 오소리

세상에서 가장 지독한 동물이에요

목숨이 아까우면 알아서 피해라!

능력치
겁 없이 싸우기
★★★★★
독 소화하기
★★★

분포   아프리카, 중동, 인도, 네팔 등

분류   포유류

크기   몸길이 60cm
       무게 5~15kg

식성   벌집, 작은 포유류, 새, 곤충, 파충류, 뱀 등 잡식성

동물원 속 과학
동물의 생활

최상위 포식자도 슬금슬금 피한다고?

벌꿀오소리란 이름을 들으면 어떤 이미지가 떠오르나요? 사자 무리에 둘러싸여도 겁 없이 싸우려고 돌진하는 모습, 사냥한 뱀을 맛있게 뜯어먹는 모습, 벌떼의 공격을 감수하고 벌집을 뜯어내어 꿀을 맛있게 먹는 모습 등 주로 싸우거나 먹는 모습이 떠오르지 않나요?

크기는 소형견에서 중형견 정도밖에 되지 않지만 다부진 근육질의 몸매, 4센티미터나 되는 날카로운 발톱, 그리고 거북의 등껍질도 와그작 씹어 버릴 수 있는 튼튼한 이빨을 가진 벌꿀오소리는 마치 싸우기 위해 태어난 것처럼 생겼어요.

설령 무시무시한 포식자가 목덜미를 물더라도 두꺼운 털과 가죽이 있어, 큰 상처를 받지 않고 몸을 돌려 날카로운 이빨로 공격할 수도 있답니다. 그래서 벌꿀오소리가 나타나면 어지간한 동물들은 싸울 생각조차 하지 않고 도망쳐 버려요.

이름에 '벌꿀'이란 단어가 들어갔다고 벌꿀오소리에게서

달달한 꿀 냄새가 날 거라 생각하면 안 돼요. 벌꿀오소리는 두 개의 항문낭을 가지고 있는데요. 이 항문낭에서 무시무시한 냄새를 가진 액체를 만들어내요. 표범이나 사자 같은 최상위 포식자가 목숨을 위협할 때 항문낭 속 냄새 폭탄 물질을 배출하면 포식자의 입맛을 뚝 떨어뜨릴 수 있거든요. 많은 동물이 고약한 냄새를 이용해 서로를 식별하거나 포식자에게 저항하기도 한답니다. 정말 비고픈 표범이나 사자는 벌꿀오소리에게서 냄새가 나든 말든 상관하지 않고 사냥하기도 하지만요.

독에 면역이 있지만 버티기 어려울 때도 있다고?

벌꿀오소리는 뱀의 독에 마비되어 쓰러졌다가도 한숨 자고 일어나면 멀쩡해질 정도로 독에 면역이 있지만, 때로는 영원히 일어나지 못할 때도 있답니다. 너무 많은 벌에 공격을 당하면 제아무리 독에 면역이 있어도 버티기 어려워요.

오늘도 벌꿀오소리들은 먹잇감을 찾아 뚱땅뚱땅 뛰고 있

겠네요. 사자나 표범 같은 무시무시한 포식자를 피해 사냥에 성공하여 맛있는 먹잇감을 즐기길 바라봅니다.

● 수상한 과학자의 탐구일지 ●

동물의 냄새 vs 사람의 냄새

사람의 겨드랑이나 사타구니에서도 시큼한 냄새가 납니다. 방귀 냄새도 고약하지요. 이러한 냄새를 내는 화합물들은 실은 우리 몸에서 살아가는 세균이 만들어내는 거랍니다. 사람들은 이런 냄새를 없애려고 노력하고, 동물들은 냄새를 만들어 생존을 위해 사용하고 있군요.

쇠똥구리

열심히 똥을 굴렸을 뿐인데
지구가 깨끗해져요

따라 해보세요
하나둘   하나둘

능력치
똥 땅에 묻기
★★★★★
별자리 찾기
★★★★★

동물원 속 과학
생물과 환경

분포	남극을 제외한 전 세계
분류	곤충
크기	1~2cm
식성	주로 동물의 똥을 먹지만 종류마다 다름

똥에서 얻는 초능력 파워!

쇠똥구리는 이름대로 동물의 똥을 먹고 살아요. 초식동물의 똥보다 잡식동물의 똥을 더 좋아하지요. 섬유질만 가득한 초식동물의 것보다 잡식동물의 똥에 영양소가 더 풍부하니까요.

쇠똥구리는 똥을 굴려서 동그란 경단 모양을 빚는데 그냥 똥에서 사는 녀석들도 있어요. 혹은 자기 몸무게의 250배나 되는 양의 똥을 땅에 묻기도 한답니다.

쇠똥구리는 종류마다 똥을 가지고 하는 행동이 달라요. 똥을 먹이로 삼기도 하고, 거기에 알을 낳아서 애벌레가 파먹고 자라도록 하기도 하지요.

물론 쇠똥구리가 똥을 좋아하긴 해도 다른 먹이를 전혀 먹지 않는 것은 아니에요. 과일, 버섯, 도토리도 먹고, 어떤 쇠똥구리는 노래기를 먹기도 하며, 여왕개미를 사냥해서 먹는 쇠똥구리도 있어요. 종류에 따라 식성이 참 다양하지요.

쇠똥구리는 힘도 장사인데요. 어떤 쇠똥구리는 자기 몸

의 무려 1,100배가 넘는 무게를 밀거나 끌 수 있다고 해요. 우리 인간으로 치면, 사람이 가득 찬 이 층 버스 여섯 대를 혼자서 번쩍 드는 셈입니다. 똥을 먹고 이런 힘을 낼 수 있다니 엄청나군요!

　쇠똥구리의 똥에 대한 집착도 유명한데요. 이들에게 똥은 워낙 귀한 것이기 때문에 어떨 때는 다른 쇠똥구리가 굴려서 만든 똥 경단을 빼앗기도 해요. 건장한 성인 남성 두 명이 버스 여섯 대를 쌓아두고 서로 빼앗으려고 하는 장면을 상상해 보면 될 것 같네요.

쇠똥구리가 똥을 땅속에 묻어주지 않는다면?

가축들이 풀을 뜯어 먹고 똥을 아무 데나 싸 놓으면 누가 제일 좋아할까요? 맞아요. 누구도 반기지 않는 똥파리들이 기뻐서 파티를 벌일 거예요. 만약 거기에 똥파리들이 알을 낳는다면 수많은 파리가 생겨나서 가축과 사람 들이 괴로워지겠지요? 이때 지구를 지켜주는 쇠똥구리들이 똥을 굴려 땅속에 묻어 버리면, 파리들은 알을 낳을 수가 없어요.

쇠똥구리들의 활약은 이뿐만이 아니랍니다. 똥에는 인, 질소, 칼륨 등 식물에 꼭 필요한 영양소가 듬뿍 들어 있는데요. 쇠똥구리가 똥을 땅에 묻는 것은 사람의 힘을 빌리지 않고 목초지에 거름을 주는 것이나 다름없어요.

오스트레일리아에 사람들이 처음 정착할 때, 소와 양은 데리고 왔지만 쇠똥구리는 데려오지 않았다고 해요. 그러다 가축의 똥으로 인한 수많은 문제를 도저히 해결할 수 없었던 호주 정부는 1960년대에 쇠똥구리를 들여오기 위해 어마어마한 돈을 썼답니다. 쇠똥구리 덕분에 문제는 바로 해결되었다고 해요.

쇠똥구리는 목초지뿐 아니라 숲에서도 사는데요. 쇠똥구리가 이곳저곳에 묻는 똥 속에는 식물의 씨앗도 들어 있어요. 그러니 자기도 모르게 식물의 씨앗을 심으면서, 숲이 울창하게 자라는 데 큰 도움을 준답니다. 쇠똥구리가 이렇게나 좋은 곤충인 줄 모르고 살았군요. 똥이나 먹는 냄새나는 곤충이라고 놀리면 안 되겠어요.

과학자들은 쇠똥구리의 행동을 열심히 관찰하면서, 이들이 이상한 행동을 많이 한다는 걸 알게 됐어요. 어떤 종들은 동그랗게 굴린 똥 경단 위에서 춤을 추는데, 하늘의 별자리를 보고 방향을 가늠하기 위해 그런다고 하고요. 또 어떤 쇠똥구리는 똥 경단 위에서 지친 다리를 쉬고, 어떤 쇠똥구리는 말 달리듯 뛰기도 한대요. 별자리를 볼 줄 아는 쇠똥구리라니, 알수록 매력이 넘치는 녀석들입니다.

고릴라

내가 바로 정글의 방귀 대장

풀만 먹어도 천하장사!

뿌~   웅

동물원 속 과학
동물의 생활

분포	아프리카
분류	포유류
크기	몸길이 150~185cm 수컷 무게 135~275kg, 암컷 무게 70~90kg
식성	잡식성

능력치
무거운 무게 들기
★★★★★
깔끔한 잠자리 마련
★★★★★

자기 몸무게의 네 배나 들 수 있다고?

다 큰 고릴라는 몸이 아주 거대해요. 키는 최대 180센티미터 정도이지만, 큰 뼈대와 근육량은 인간과 비교할 수 없을 정도죠. 다 큰 수컷은 몸무게가 200킬로그램쯤 나가고요. 팔을 양옆으로 쭉 펴면 그 너비가 무려 2.6미터나 되지요. 만약 몸무게가 200킬로그램인 사람이 있다면 몸에 근육 대신 어마어마한 양의 지방이 차 있고, 운동 능력은 바닥에 가까울 거예요. 하지만 고릴라는 200킬로그램의 몸을 근육과 뼈로 채우니 힘이 장사이겠지요?

고릴라 중에 힘센 녀석은 무려 800킬로그램이 넘는 무게를 번쩍 들어 올릴 수 있어요. 자기 몸무게의 네 배나 되는 무게를 드는 셈이랍니다. 사람에 비유하면, 70킬로그램인 사람이 280킬로그램을 드는 것이나 다름없는데, 보통 사람은 상상도 못 할 정도의 힘이에요. 올림픽 역도 기록이 계속 갱신되고 있지만, 고릴라에 비하면 아무것도 아니지요.

고릴라는 아주 가끔 개미나 흰개미를 먹긴 하지만, 주로 나뭇잎과 싹, 풀을 뜯어 먹고 살아요. 만약 우리에게 매일 채식 메뉴만 주어진다면 '또 풀떼기야? 어떻게 풀만 먹고 살아?'라고 불평하겠지만, 고릴라는 계속 나무의 연한 싹과 이파리를 먹으며 시간을 보냅니다.

그런데 200킬로그램이 넘는 근육질의 몸을 만들려면 정말 많이 먹어야 하지 않겠어요? 식물에서 단백질과 지방을 얻기란 어려운 일이니까요. 실제로 고릴라는 깨어 있는 시간 대부분을 부지런히 먹기만 한답니다.

내 엉덩이에는 방귀 트럼펫이 달려 있다고~

사람도, 개도, 고양이도, 말도 모두 방귀를 뀝니다. 장에 있는 박테리아가 음식물을 분해하면서 이산화탄소, 메테인, 황화수소 같은 기체를 만들기 때문이에요. 그래서 방귀를 수시로 뀌어야 장이 풍선처럼 부풀지 않아요. 믿기 어렵겠지만 TV에 나오는 잘생기고 예쁜 연예인들도 방귀를 뀌어야 살 수 있어요.

정말 많은 양의 풀을 먹는 고릴라의 장은 언제나 음식물로 가득 차 있어요. 당연히 박테리아들이 장에서 '고릴라 만세!'를 외치며 증식하면서 기체를 만들겠지요.

그러면 고릴라는 대체 얼마나 방귀를 자주 뀔까요? 답은 '쉴 새 없이'입니다. 나무줄기를 들고 이파리를 뜯으면서도 '뿌웅~', 새끼 고릴라와 놀아 주면서도 '뿌웅~', 밤에 잠자리를 마련하면서도 '뿌웅~' 하고 계속 뀝니다. 고릴라는 하루 절반의 시간을 자면서 그날 먹은 음식을 소화하는데, 이때도 계속 '뿌웅~' 하고 방귀를 뀌지요. 마치 엉덩이에 트럼펫을 달고 있는 것이나 다름없어요.

흥미롭게도 고릴라는 매일 새로운 잠자리를 만들어요. 계속 방귀를 뀌는 주제에 잠자리는 깔끔하게 마련하다니, 다소 까다로운 성격을 가졌군요! 새끼들도 엄마 고릴라의 도움을 받기는 하지만, 세 살부터 잠자리를 스스로 만든다고 해요. 어릴 때부터 독립심을 길러주는 훌륭한 가정교육이지요?

아, 그리고 고릴라는 영장류답게 높은 지능을 가지고 있고, 도구도 사용할 줄 알아요. 아직 고릴라에 대해 모르는 것이 많지만, 많은 과학자는 이들이 웃고 슬퍼하고 과거와 미래에 대해 생각할 수 있는 능력까지 있다고 여긴답니다.

　우리의 가까운 친척인 고릴라, 힘은 세지만 그 힘을 오로지 가족을 지키기 위해서만 쓰는 정말 멋진 동물이지요? 가정적이기로 유명한 커다란 실버백 고릴라가 사색에 잠긴 모습을 보면 경외감이 들기도 해요. 인간이 이들이 살 터전을 더 이상 훼손하지 않고, 먼 미래에도 고릴라와 인간이 같이 존재하는 세상을 꿈꿔 봅니다.

사향노루

수줍음이 많지만 화장실은 같이 써요

화장실 새치기 금지

능력치
공동 화장실 만들기
★★★★★
냄새로 유혹하기
★★★★★

분포   한국, 중국, 중앙아시아 등
분류   포유류
크기   몸길이 85cm
       무게 9~11kg
식성   이끼, 나뭇잎, 열매 등 초식성

동물원 속 과학
동물의 생활

깊은 산속에 숨어도 숨겨지지 않은 향기?

티베트 등지에서 주로 사는 사향노루는 수줍음이 많은 성격으로, 자신만의 영역을 지키며 혼자 살아가는 동물이에요. 그런데 흥미롭게도 사향노루들은 서로의 영역이 겹치는 곳에 공동 화장실을 만든다고 하네요.

거기서 변을 보고, 다른 노루의 변 냄새를 맡으며 어떤 노루가 주변에 사는지, 암컷인지 수컷인지, 짝짓기 준비가 돼 있는지 등의 정보를 얻지요. 공동 화장실을 이렇게 잘 관리하는 녀석들이 또 있을까요? 재미있는 녀석들입니다.

하지만 공동 화장실보다 사향노루를 더 널리 알린 게 하나 있어요. 바로 사향노루 수컷의 성기와 배꼽 사이에 있는 주머니 모양의 사향샘인데요. 이 사향샘에는 '사향'이라는 특이한 냄새가 나는 갈색 가루가 있답니다.

사향은 짝짓기 철에 냄새가 강하고 갈색을 띠지만, 짝짓기 철이 끝나면 냄새가 거의 나지 않는 흰색 반죽처럼 변해요. 이를 보아 암컷 노루를 유혹하기 위해 사용하는 것으로 여겨져요.

사향 냄새는 사향노루가 아무리 깊은 산속에서 살아도 소문이 금방 날 정도로 아주 강했나 봐요. 오래전부터 사람들이 이성을 유혹하는 용도로 썼으니까요. 중국에서는 사향을 전통 의학의 약재로 사용하기도 했고요. 그래서 이를 얻기 위해 안타깝게도 많은 사향노루가 희생되었답니다.

2000년대 초, 사향노루의 개체 수가 급감하자 중국 정부는 사향노루의 사냥을 금지하고 개체 수를 복원하기 위해 노력했고, 지금은 적어도 중국 내에서 그 수가 조금씩 증가하고 있다고 해요.

오래오래 구리구리한
냄새를 풍겨줘~

사향의 미묘한 냄새는 여러 가지 분자들이 같이 모여 만드는 것인데요. 그중에서도 '무스콘'이라는 분자가 냄새를 내는 데 가장 큰 역할을 하죠. 지금은 사향노루를 잡아 사향을 얻지 않고, 이 분자를 합성해서 사용한다고 하네요.

물론 이 분자만으로 사향의 냄새를 완전히 흉내 내기는

어렵지만, 아름다운 사향노루가 더 이상 희생되지 않게 된 것만으로도 충분히 큰 업적이라고 여겨지네요.

  앞으로도 사향노루들이 사냥당할 걱정 없이 편안하게 공동 화장실에서 구리구리 냄새나는 변을 시원하게 볼 수 있기를 바라요.

시끄러운 매미 소리, 밤을 낮으로 착각한 거라고?

매년 여름이면 찾아오는 매미, 대체 그동안 어디에 있다가 갑자기 나타나서 안 그래도 더워서 잠 못 드는 우리를 더 잠 못 들게 하는 걸까요? 대부분 매미는 원래 한낮에 울고, 특수한 경우에만 밤에 울어요. 그런데 도심의 밝은 불빛이 매미를 헷갈리게 해서, 밤을 낮이라고 착각하고 운대요.

매미는 꽤 긴 시간 동안 땅속 깊은 곳에서 애벌레 형태인 유충 상태로 지내요. 약 2.5미터나 되는 지하에서 살아가니까 이 녀석들의 유충 시절을 보기는 어렵겠지요? 땅속에서 충분히 자란 매미는 땅을 뚫고 나와서 나무에 기어 올라가 껍질을 벗어요. 한여름에 매미가 우는 나무의 기둥을 자세히 살펴보세요. 매미가 벗어 놓은 허물을 찾아볼 수 있을 테니까요.

북아메리카 대륙에 사는 일부의 매미는 13년 또는 17년마다 나타나는데요. 그 긴 시간 동안 유충으로 있다가 모두 한꺼번에 땅 위로 올라와서 번식하고는 생을 마감하지요. 모두 같은 기간에 태어나서 땅을 뚫고 나오기 때문에 일정한 주기성을 가지는 거랍니다.

하지만 우리나라에 사는 매미들에게는 주기성이 없어요. 다들 태어나는 해가 달라서 성충 매미가 되는 시기도 다 다르지요. 그래서 매년 여름에 볼 수 있는 거랍니다. 매미가 허물을 벗어 놓은 나무뿌리 근처에는 아마도 다양한 매미 유충이 우글우글 모여서 살고 있을 거예요.

오줌 물총의 엄청난 성능

매미 성충은 나무의 수액을 빨아먹고 살아요. 벚나무에 늘 매미가 붙어 있는 것을 보면 벚나무의 수액이 맛있나 봅니다. 또 메이플 시럽으로 유명한 단풍나무의 일종인 메이플 나무도 매미가 좋아하는 나무이고요.

성충이 된 매미는 매일 자기 몸무게의 300배나 되는 수액을 빨아먹는데, 계속 오줌이 마렵겠지요. 그러다 보니 매미는 오줌 싸기의 제왕이랍니다. 매미는 천적이 다가오면 강하게 오줌을 분사하는데, 코끼리나 사람이 누는 것보다 두세 배는 더 강하고 빠른 줄기를 쏘아댄다고 해요. 정말 엄청난 성능의 물총을 장착하고 있군요.

그런데 매미의 오줌 싸기 능력은 아주 긴 세월 동안 갈고 닦은 것이랍니다. 매미가 나무껍질 안쪽에 알을 낳으면 이 알들에서 유충이 나오고, 이 유충들은 나무에서 땅으로 뛰어내린 후 땅속 나무뿌리 근처에 살면서 나무뿌리에서 수액을 빨아먹으며 살아가요. 그리고 다시 오줌을 누면서 땅을 부드럽게 만들어 자기가 살아갈 방을 만든다고 하네요. 이 오줌은 어디로 가냐고요? 나무가 다시 빨아먹겠지요?

아주 작은 유충 상태일 때부터 수액을 빨아먹고 오줌을 누어대니 얼마나 단련이 됐겠어요? 매미가 오줌 싸기 달인이 된 데는 다 이유가 있답니다.

그런데 매미가 이렇게 많은 수액을 먹으면 나무는 괜찮을까요? 매미가 먹는 정도로는 나무의 건강을 해치지 않는다고 해요. 그러니 매미를 너무 미워하지는 마세요. 매미를 잡으려다가 거센 물 오줌 줄기를 맞을 수도 있으니까요.

여름밤마다 조금 시끄럽겠지만, 긴 세월 땅속에서 지내다 겨우 밖으로 나온 매미를 이해해 주세요. 그렇게 긴 세월 땅속에서 고생을 하고 밖으로 나와서 겨우 2~3주밖에 살지 못한다니 너무 안쓰럽잖아요.

네 번째 코스

숨바꼭질 동물원

민부리 고래

바다 가장 깊은 곳까지 갈 수 있어요

300m
500m
1,200m
2,388m
2,992m

잠수함보다 더 깊게

능력치
깊은 곳에 잠수하기
★★★★★

분포	전 세계
분류	포유류
크기	몸길이 5~6.5m 무게 최대 약 3t
식성	오징어, 작은 물고기 등 육식성

동물원 속 과학
동물의 생활

두 시간이나 잠수할 수 있는 비결은?

조개를 캐기 위해 바닷속에 잠수해 본 적이 있나요? 아마 물속에 깊이 들어가기도 전에, 숨은 막히고 귀에서는 웅웅 하는 소리가 들리면서 곧 머리가 아플 거예요. 제주도 앞 바다에서 전복과 소라를 채집하는 해녀들은 깊이가 10미터나 되는 곳까지 잠수할 수 있지만, 평범한 우리가 깊은 바다에 잠수하기란 불가능해요.

하지만 바다를 터전으로 살아가는 해양 포유류, 조류, 파충류들은 아주 깊은 곳까지 잠수할 수 있답니다. 오스트레일리아에 사는 물범은 300미터나 되는 바닷속에 잠수할 수 있고, 남극에 사는 펭귄은 무려 500미터나 잠수해서 먹이 활동을 해요. 바다거북은 무려 1,200미터 깊이까지 잠수할 수 있는데, 이는 서울의 지하철 두 정거장 거리만큼 잠수하는 셈이랍니다. 덩치가 더 큰 바다코끼리는 2,388미터를 잠수한 기록이 있는데요. 육상에서는 무겁고 잘 움직이지 못해서 둔해 보였던 동물들이 바닷속에서 아주 다른 모습을 보여주는군요.

그럼 잠수 분야 세계 최고 기록을 가진 동물은 무엇일까요? 바로 민부리고래입니다. 민부리고래는 공식적으로 2,992미터를 잠수한 기록이 있는데, 이 먼 거리를 잠수했다가 수면으로 다시 나오는 데 무려 두 시간 넘게 걸린다고 해요. 대체 이 긴 시간 동안 어떻게 숨을 참을 수 있을까요?

민부리고래는 다른 동물들보다 몸 크기 대비 피의 양이 아주 많아요. 그리고 산소를 저장하는 적혈구의 밀도도 아주 높지요. 그래서 핏속에 산소를 잘 저장하고 있다가 꼭 필요한 곳에 사용한답니다.

또 고래의 근육에는 미오글로빈 단백질이 많은데, 여기에 산소를 저장하고 있다가 필요한 만큼 빼내서 쓸 수 있어요. 장기로 가는 혈액의 공급도 차단할 수 있어서 산소를 아껴 쓸 수도 있고요. 필요하면 심장도 천천히 뛰도록 하면서요.

잠수에 특화된 민부리고래의 신기한 허파

고래라고 해서 바다 깊은 곳의 높은 압력에서 자유로운 것은 아니에요. 압력이란 모든 동물에게 공평하게 작용하니까요. 압력은 물속 깊이가 5미터 깊어질 때마다 1기압씩 증가하는데, 3킬로미터나 되는 깊은 바다에서 고래가 느끼는 압력은 600기압이나 된답니다.

이렇게 높은 압력에서는 공기 중의 질소가 핏속에 더 잘 녹아들 수 있는데요. 핏속에 질소가 너무 많아지면 환각 증상이 일어날 수 있어요. 그런데 고래에게는 이 증상을 막아주는 신체 기관이 있어요. 바로 허파에 있는 '폐포' 주머니랍니다.

이곳에서는 공기를 피에 전달하거나 피에서 공기가 나오는 현상이 일어나는데요. 깊은 바다에 잠수할 때 고래의 가슴뼈와 허파는 찌부러져서 납작해진다고 해요. 이때 폐포에서 공기를 짜낸다고 알려져 있고요. 그러면 질소가 혈액에 녹아들지 않겠지요?

한편 이미 핏속에 녹아든 질소는, 동물이 빠르게 수면으로 올라올 때 기체 방울이 되어 혈액에서 빠져나오는데 엄청난 고통을 유발한다고 해요. 잠수부들이 잠수했다가 나올 때 관절이나 근육이 아프거나 운동 지각 장애와 같은 증상의 잠수병에 걸리는 것도 이 때문이지요.

고래도 잠수병에 걸리지 않기 위해서는 깊은 곳에서 천천히 수면으로 올라와야 하는데, 만약 석유를 채굴하는 소리나 갑작스러운 초음파 탐지기 소리를 들으면 놀라서 급하게 올라오게 되겠지요? 이때 엄청난 충격과 고통을 받은 고래는 때때로 정신을 잃고 해변가에서 발견되곤 해요. 간혹 고래가 해변가에 밀려와서 죽었다는 뉴스를 보고는 하는데, 이런 이유 때문일 가능성이 크답니다.

깊이와 압력 사이를 자유자재로 오가는 고래는 정말 대단한 동물이에요. 아가미가 아닌 허파로 숨 쉬는 동물이 이런 어마어마한 잠수 능력을 보이다니 말이에요.

고래뿐 아니라 허파로 숨 쉬며 깊은 바다를 누비는 물범, 펭귄, 바다거북, 바다코끼리 등의 동물들은 모두 놀라운 능력자들이랍니다. 오래전 땅 위로 올라온 동물들이 왜 다시 바다로 돌아가게 되었는지 무척 궁금해지네요.

수상한 과학자의 탐구일지

땅 위에 살던 동물이 바다로 돌아간 이유는?

오래전 땅 위로 올라온 동물들이 다시 바다로 돌아가게 된 이유에 대해서는 다양한 이론이 존재해요. 바다에 먹을 것이 많아서 그것을 사냥하기 위해서라거나 땅 위의 포식자를 피해 바다로 돌아왔다는 등 말이죠. 대체 어떤 이유가 진짜일까요?

아무리 숨어도 레이더를 피할 수 없어요

꼭꼭 숨어라 전자기장 보일라

능력치

새 이빨 만들기
★★★★★

전기 신호 구분하기
★★★★★

동물원 속 과학

동물의 생활, 생물과 환경

- <u>분포</u> 전 세계
- <u>분류</u> 어류
- <u>크기</u> 몸길이 16cm~18m까지 다양
- <u>식성</u> 플랑크톤부터 큰 물고기까지 잡식성

상어 머리에 전파탐지기가 있다고?

배고픈 귀상어 한 마리가 먹잇감을 찾아 두리번거립니다. 이때 가오리 한 마리가 놀고 있다가 귀상어를 보고는 깜짝 놀라 모래 속으로 도망가네요! 그런데 어떡하지요? 귀상어가 '씨익' 웃으며 가오리가 숨은 모래 쪽을 향합니다. 가오리는 '제발 나를 못 본 채 지나갔으면…' 하고 바라지만, 상어는 그럴 생각이 없어 보여요. 결국 불쌍한 가오리는 상어의 저녁밥이 되고 말았답니다. 상어는 대체 어떻게 가오리가 숨은 곳을 정확히 알았을까요?

상어의 머리에는 외부의 감각을 받아들여 뇌에 전달하는 감각기관이 있어요. 바다에 사는 동물들은 작은 조개부터 큰 물고기까지 모두 전기 신호를 내보내는데, 상어에게는 이 전기 신호를 잘 감지하는 능력이 있는 것이지요. 모래 속에 숨던 가오리는 귀상어의 특출난 능력을 몰랐던 것이고요. 물론 알았다 해도 상어보다 더 빨리 도망치진 못했을 테니 결국은 같은 운명에 처했겠지만요.

평생 새로 나서 닳을 일 없는 상어의 이빨

상어는 특수한 감각기관 이외에도 여러 가지 신기한 면이 있는 동물이에요. 개나 사람의 치아는 턱뼈에 고정돼 있어요. 죽은 사람이나 동물의 해골에 치아가 그대로 남아 있는 이유이지요.

하지만 상어는 특이하게 잇몸에만 치아가 박혀 있고, 이 치아는 일평생 계속 새것으로 교체돼요. 어떤 상어는 평생 무려 3만 개의 치아를 교체한다고 하니, 이가 빠져도 임플란트를 할 필요가 없겠네요. 대부분 동물은 나이가 들면 치아가 닳아 사냥 능력도 줄어드는데, 상어는 이러한 걱정을 할 필요가 없답니다.

또 상어의 껍질에는 미세한 피부 치아가 빼곡히 자라나 있는데요. 이 피부 치아는 상어가 헤엄칠 때 물의 저항을 아주 많이 줄여주기 때문에 빠르게 헤엄칠 수 있어요. 한때 올림픽 수영 선수들이 상어 껍질을 흉내 낸 전신 수영복을 입고 경기에 참여할 수 있었는데, 기록이 너무 빨라져서 결국 전신 수영복을 입는 게 금지되기도 했답니다.

헤엄도 빨리 치고, 전기 신호를 감지해 숨어 있는 먹이도 찾아내고, 이가 빠져도 얼마든지 다시 자라는 상어. '아기 상어 뚜루루뚜루~ 귀여운 뚜루루뚜루~ 바닷속 뚜루루뚜루~ 아기 상어!' 하고 노래를 부르며 아무리 귀엽게 표현해도 무서운 것은 어쩔 수 없군요.

수상한 과학자의 탐구일지

전기장을 알아채는 상어의 능력

풍선을 머리카락에 비빈 다음에 떼어내 머리에서 조금 떨어진 곳에 두면 머리카락이 풍선을 향해서 뻗쳐 있지요? 마치 보이지 않는 어떤 힘이 당기는 것처럼 말이에요. 그런데 풍선을 더 멀리 떼어내면 머리카락은 더 이상 뻗치지 않아요. 이러한 전기에 의한 힘이 존재하는 공간을 '전기장'이라고 하는데요. 상어는 다른 동물이 살아가면서 만드는 전기장을 아주 잘 알아채요. 예를 들어, 심장이 뛸 때도 전기장이 생기는데 상어는 가오리의 심장이 만드는 전기장을 쉽게 알아채고 사냥할 수 있답니다.

원시 시대부터 생존할 수 있었던 이유는?

통통한 곰장어가 정신없이 먹이 활동을 하고 있네요. 지나가던 큰 물고기가 곰장어를 덥석 집어삼켰다가 깜짝 놀라서 다시 뱉어내는군요. 곰장어의 피부에서는 미끈미끈한 점액질이 분출되는데, 아마 이 점액질이 큰 물고기의 아가미를 덮어서 숨이 막혀 놀랐나 봅니다.

곰장어는 아주 오래전부터 지구상에 존재해 온 원시 물고기로, 아직도 잘 살아가고 있답니다. 왜 그런가 했는데 이제 이유를 알았네요. 잘 싸우지는 못해도 미끈거리는 점액질이라는 강력한 무기를 가지고 있기 때문이었습니다.

곰장어와 마찬가지로 장어, 미꾸라지, 곰치와 같은 물고기들은 미끌미끌한 피부를 가지고 있어요. 가늘고 긴 몸에, 점액질로 덮인 피부는 돌에 잘 긁히지 않아서 작은 구멍 속에 기어들어 갈 수 있답니다. 다른 물고기나 새가 집어삼키려고 해도 마찬가지로 미끈거려서 잘 도망가지요.

그런데 이런 물고기 말고도 미끈거리는 것들은 우리 주변에 많이 있어요. 맛있는 간식을 앞에 둔 커다란 골든 리

트리버의 입에서 주욱 하고 늘어지는 침, 연근이나 마와 같은 채소를 썰면 흘러나오는 끈적한 점액질, 낫토를 젓가락으로 휘휘 저으면 생기는 끈끈한 실, 그리고 우리 코에서 나오는 콧물도 끈끈하고 미끈거리지요.

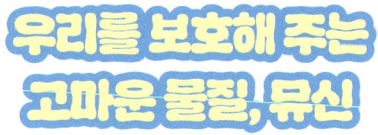

우리를 보호해 주는 고마운 물질, 뮤신

이렇게 미끈거리는 점액질에는 공통점이 있어요. 바로 뮤신이라는 성분이 들어 있다는 거예요. 뮤신은 물 분자들과 친해서 점액질 또한 축축하고 끈적한 성질을 가지고 있는데요. 이러한 뮤신의 성질은 화장품을 만들 때 특히 유용하게 쓰여요. 뮤신을 피부에 바르면 물의 분자들을 오래 잡아 둘 수 있으니, 피부가 오랫동안 촉촉한 상태로 유지될 수 있으니까요.

 뮤신은 위를 포함한 내장의 벽에도 코팅되어 있어요. 뮤신 보호막 덕분에 강력한 소화효소가 분비돼도 내장이 음식물과 함께 소화되지 않는 것이지요. 또 세균이나 바이러스가 몸에 들어오면 뮤신으로 이루어진 콧물이 세균을 붙잡아 몸 밖으로 배출해 버린답니다. 생각보다 우리는 뮤신의 덕을 크게 보면서 살아가고 있지요?

　곰장어나 장어는 포식자로부터 자신을 보호하기 위해 뮤신을 사용하고, 우리는 세균이나 소화액으로부터 자신을 보호하기 위해 사용하고 있네요. 쭉 흘러내리는 점액질은 보기에는 입맛이 달아나게 하지만, 알고 보면 참 고마운 물질이라는 생각이 들어요. 곰장어도 뮤신이 고마울 것 같네요.

박쥐

알고 보면 생태계 물리학 박사랍니다

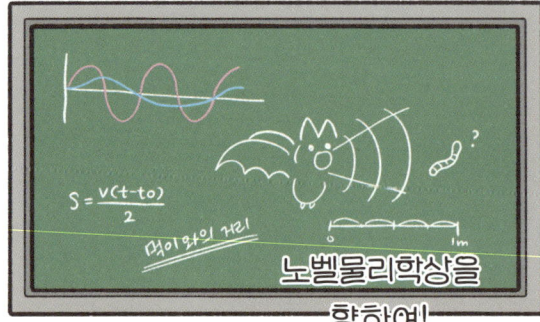

$S = \dfrac{v(t-t_0)}{2}$

먹이와의 거리

노벨물리학상을 향하여!

능력치

시력
☆

초음파로 거리 계산
★★★★★

동물원 속 과학

동물의 생활

분포   극지방을 제외한 전 세계

분류   포유류

크기   몸길이 60~70mm부터 80cm까지

식성   종류에 따라 초식성과 육식성

우리가 보는 건 날개일까, 발가락일까?

새만이 나는 능력을 가지고 있다고 생각하겠지만, 포유류 중에서도 날 수 있는 동물이 있어요. 바로 박쥐인데요. 박쥐는 어지간한 새보다 더 민첩하게 날 수 있답니다.

 물에서 헤엄칠 수 있는 새들의 발가락 사이에는 막이 있듯이, 박쥐의 날개도 막으로 이루어져 있어요. 박쥐의 막은 앞다리, 앞 발가락, 뒷다리, 꼬리를 모두 덮고 있는데 마치 연의 구조와 비슷하게 생겼답니다. 방패연이나 꼬리연을 만들 때를 생각해 보세요. 먼저 나무로 뼈대를 만들고, 그 위에 종이를 붙이지요? 박쥐도 뼈를 골격으로 삼아 그 위를 막으로 덮고 있어요. 재미있는 점은 박쥐는 앞 발가락이 무척 긴데, 이 발가락 사이를 덮고 있는 막이 날개의 반 이상을 차지하고 있다는 점이에요.

나쁜 시력 대신 얻은 박쥐의 능력은?

대부분의 박쥐는 곤충이나 과일을 먹이로 삼아요. 과일을 먹은 박쥐가 그 씨앗을 퍼뜨리고, 또 꽃이 수정할 수 있게 도와주기 때문에 식물 입장에서는 아주 고마운 존재랍니다. 또 박쥐의 똥은 천연 비료로 사용할 수 있고, 농작물을 갉아먹는 곤충들이나 모기와 같이 인간에게 해를 끼치는 곤충을 박쥐들이 먹어 치워주니 살충제 사용을 줄일 수도 있지요.

그러나 다 익은 과일을 먹어 치워서 과수원에 피해를 주거나, 코로나바이러스 같은 치명적인 바이러스를 전파하는 것은 박쥐의 해로운 면이에요. 만약 미래에 새로운 코로나바이러스가 전 세계에 퍼진다면 아마도 박쥐에게서 유래될 가능성이 높다고 하네요. 그래서 과학자들은 박쥐에게 유행하는 바이러스를 계속 관찰하고 있다고 해요. 사람들에게 치명적일 수 있는 바이러스가 퍼지지 않게 미리 대비하려는 것이지요.

대부분의 박쥐는 시력이 매우 나빠요. 올빼미와 같은 야

행성 동물들은 밤에도 사물을 잘 볼 수 있는 눈을 가지고 있지만, 많은 박쥐는 시력 대신 어둠 속에서 부딪치지 않고 잘 날 수 있는 기발한 방법을 찾아냈답니다.

  작은 박쥐 종들은 눈이 거의 보이지 않지만, 목에서 초음파를 발사해 곤충과 같은 먹이에 닿게 한 다음 그 거리를 계산해서 위치를 정확히 알아낼 수 있다고 해요. 공중을 날면서 실시간으로 먹이의 위치를 파악하려면 계속해서 머릿속으로 수학 문제를 풀어야 하는 것이지요. 알고 보니 박쥐는 똑똑한 물리학자나 다름없네요.

눈을 감고도 볼 수 있어요

보이는 게 다가 아니란다…

능력치

혀로 냄새 맡기
★★★★★

열 감지하기
★★★★★

분포	전 세계 열대 지방
분류	파충류
크기	(종류에 따라) 1m 미만~수 미터 이상
식성	육식성

동물원 속 과학

동물의 생활

갈라진 혀와 코 아래에 있는 구멍의 정체는?

뱀은 혀를 날름거리며 공기 중에 떠다니는 먹잇감의 냄새를 맡을 수 있다고 해요. 잘 살펴보면 뱀의 혀끝이 갈라져 있는 것을 알 수 있는데요. 뱀은 먹이의 냄새 분자들이 혀의 어디에 부딪히는지를 판단해서 먹잇감의 위치를 추적할 수 있답니다. 냄새 분자가 먼저 부딪히는 혀의 방향으로 고개를 돌리고 가다 보면 결국 먹잇감을 찾을 수 있겠지요?

하지만 낮에는 뱀이 쫓아오는 모습이나 움직이는 소리를 들킬 수 있으니, 주로 먹잇감이 자는 밤에 사냥하는 것이 뱀에게 유리할 거예요. 어두운 밤, 뱀이 먹잇감이 잠들어 있는 구멍을 발견하고 슬그머니 들어갔다고 생각해 보세요. 안 그래도 캄캄한데, 빛도 별로 없어서 잘 보이지도 않는 곳. 그런데도 뱀은 먹잇감의 급소를 정확히 찾아서 공격할 수 있어요. 대체 어떻게 그게 가능할까요?

뱀의 머리 쪽을 보면 콧구멍 아래에 구멍이 여러 개 나 있는 것을 볼 수 있는데요. 이 구멍이 바로 초능력의 근원이랍니다. 이 구멍에 열을 감지하는 센서가 달려 있어서, 따뜻한 몸을 가진 먹잇감의 위치를 파악할 수 있는 것이지요. 설령 뱀의 눈이 멀어도 이 센서들은 늘 작동하고 있어서 눈이 없어도 먹잇감의 존재를 알 수 있어요.

보지 않고도 먹이의 위치를 안다고?

혹시 롯데월드에서 하는 불 쇼를 본 적이 있나요? 불꽃이 올라오는 순간, 누구나 뜨거움을 느꼈을 거예요. 심지어 불꽃과 멀리 떨어진 객석에서도 그 열기를 바로 느낄 수 있지요.

 우리가 열을 느끼는 이유는, 열에 의해 데워진 공기가 전달되기 때문이 아니라 불이 방출하는 적외선이 몸에 닿기 때문이에요. 불 쇼의 불꽃이 꺼지자마자 바로 열기가 사라지지 않던가요?

 뱀도 이와 같은 원리로 쥐나 토끼, 그리고 작은 새와 같은 동물들이 몸에서 방출하는 따뜻한 적외선을 감지하는 거예요. 그러니 혹시나 동물원에서 눈먼 뱀을 본다면, 뱀이 여러분을 못 볼 거라고 생각하지 않기를 바라요. 군인 아저씨가 야간투시경으로 적의 움직임을 살피듯, 적외선 투시경으로 여러분을 보고 있으니까요. '저 덩치 큰 놈은 내 먹잇감이 되기엔 너무 크군' 하면서 혀를 날름거리고 있을 거랍니다.

다섯 번째 코스

헤롱헤롱 동물원

폭탄먼지벌레

함부로 건들면 몸 안의 폭탄이 터져요

방귀의 뜨거운 맛을 봐라!

능력치
꽁무니에서
증기 분출
★★★★★

동물원 속 과학
동물의 생활

분포	아프리카를 포함한 여러 지역
분류	곤충류
크기	1.2~1.5cm
식성	벌레, 썩은 고기 등 잡식성

몸속에 폭탄이 숨겨져 있는 걸까?

압력밥솥에서 밥이 다 지어지면 '이제 증기가 배출되니 조심하세요'라는 경고음이 나오지요. 그런 후에 '치익 칙칙칙 치익 칙칙칙' 하는 소리와 함께 뜨거운 수증기가 배출되는 것을 본 적이 있을 거예요. 이때 수증기에 손을 대면 화상을 입을 수 있으니 조심해야 하지요.

아프리카를 포함한 여러 지역에 사는 폭탄먼지벌레라는 이름의 딱정벌레는 이런 증기 압력밥솥을 몸에 지닌 희한한 벌레랍니다. 몽구스나 개미 떼 같이 자신을 위협하는 존재가 나타나면, 100도나 되는 뜨거운 액체와 증기의 혼합물을 분출해서 물리치지요.

이때 폭탄먼지벌레의 꽁무니에서 액체와 증기가 나오는 소리는, 압력밥솥에서 증기가 빠져나가는 소리와 아주 비슷해요. 뜨겁고 자극적인 성분이 뿜어져 나와 포식자의 눈에 들어가면 무척 괴로워하면서 도망친답니다. 폭탄먼지벌레가 가진 증기 압력밥솥에서는 대체 어떤 일이 일어나기에 뜨거운 액체가 분출되는 걸까요?

생존을 위해 화학 지식을 얻었다고?

폭탄먼지벌레 꽁무니에 위치한 압력밥솥의 옆에는 두 개의 방이 있어요. 하나의 방에는 세균을 죽이는 살균제인 과산화수소 수용액이, 다른 방에는 미백 물질인 하이드로퀴논이 물에 녹아 있답니다.

만약 폭탄먼지벌레가 위협을 받으면 이 두 방의 물질을 동시에 압력밥솥으로 보내는데요. 두 물질이 만나면 뜨거운 열이 발생하면서, 압력밥솥에 있는 물의 5분의 1 정도를 증기로 만들어요. 그리고 증기를 이용해 뜨거운 물을 배출구로 '펑' 하고 쏘는데, 그걸 맞은 포식자는 몸부림치게 된답니다. 물도 뜨거운데, 그 속에 든 '퀴논'이라는 물질이 눈에 들어가면 엄청나게 괴롭거든요. 어지간한 벌레들은 바로 죽을 정도로요.

이런 이유로 폭탄먼지벌레는 악명이 자자해요. 웬만한 동물들이 벌레 한 마리 잡아먹겠다고 근처에 올 엄두를 못 낼 정도로요. 엄마 몽구스가 살아생전에 '저 노랗고 검은 무늬를 가진 벌레는 근처에도 가지 마라'라고 한 말을 귓등으로 들은 어리석은 몽구스 녀석 말고는 말이지요.

세상에서 제일 냄새가 고약한 동물 중 하나라고?

폭탄먼지벌레는 생존하기 위해 정말 많은 화학 지식을 익혔네요. 자신이 가진 압력밥솥 안에서 화학 물질을 격렬하게 반응시킬 수 있다는 것, 그리고 거기에서 나오는 열로 물을 뜨겁게 데워서 증기를 만들 수 있다는 것, 마지막으로 증기를 이용해서 자극적인 물질을 총 쏘듯이 쏘아 댈 수 있다는 것을 알고 있으니 말이에요. 진화의 우연이 겹쳐서 이런 일이 일어났다기에는 너무나도 정교한 화학 방어체계를 갖추고 있네요.

그런데 폭탄먼지벌레가 쏘는 물질은 냄새가 아주 고약해서 세상에서 제일 냄새가 고약한 동물 10위 안에 꼭 포함된다고 하네요. 뛰어난 화학자라는 명성과 악취 벌레라는 오명을 동시에 가졌군요. 폭탄먼지벌레가 조금 불쌍해 보이는 것은 왜 그럴까요?

청자고둥

독침으로 먹이를 사냥해요

독침 진검 승부

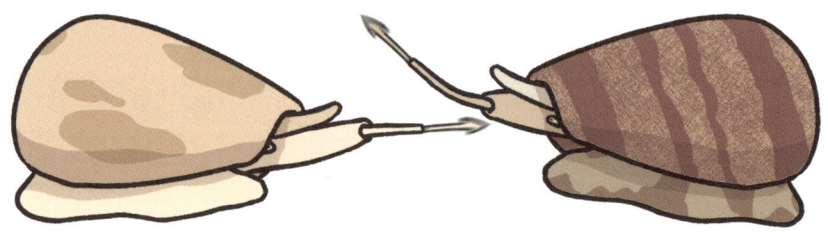

능력치
독침으로
먹이 사냥
★★★★★

분포 전 세계
분류 고둥류
크기 껍데기 높이 70mm
　　　 지름 35mm
식성 물고기, 갯지렁이 등 육식성

동물원 속 과학
생물과
환경

같은 종도 잡아먹는 잔인한 킬러라고?

알록달록한 색과 다양한 패턴의 무늬를 가지는 삼각뿔 형태의 청자고둥은 참으로 예뻐요. 그런데 아름다운 외양을 가진 청자고둥이 실은 흉악한 킬러라는 걸 알고 있나요?

열대와 아열대의 따뜻한 바다에 서식하면서 오로지 육식만 하는 청자고둥은 벌레, 고둥, 물고기, 그리고 다른 청자고둥을 잡아먹고 살아요. 사람으로 치면 식인종인 셈이지요.

무서운 청자고둥은 독침을 이용해 먹이를 사냥하는데요. 입속에 작살 같은 형태의 독침을 숨기고 있다가, 작살의 촉에 신경 독을 발라서 먹잇감에 발사한답니다. 작살에 맞은 먹잇감은 마비가 되어 순간적으로 기절하는데, 이때 청자고둥이 작살로 먹잇감을 끌고 와서 해치워 버려요. 껍질처럼 소화가 안 되는 것들은 나중에 뱉어버리고요.

사람이 작은 청자고둥의 독침에 맞으면 벌이나 말벌에 쏘인 정도의 고통을 느끼지만, 손바닥 정도로 큰 청자고둥의 독침은 장갑이나 잠수복을 뚫을 만큼 강력하다고 해요.

심지어는 죽을 수도 있을 정도로요. 그러니 청자고둥이 예쁘다고 손을 뻗는 일은 절대 하지 말아야겠죠?

청자고둥의 독을 약으로 쓸 수 있을까?

독과 약은 종이 한 장 차이랍니다. 실제로 많은 과학자가 독이 있는 동물이나 식물에서 독을 채취해 그 구조를 밝히고, 독성분이 세포에 어떤 역할을 하는지 열심히 연구하고 있다고 해요. 그리고 청자고둥의 독성분 중에서도 약으로 쓸 만한 것이 있는지 연구 중이랍니다.

어쨌든 독을 사용해 동족까지 잡아먹는 청자고둥의 무시무시한 면을 알고 나니, 화려한 겉모습은 진짜 모습을 가리기 위한 것 아닌가 하는 의심이 드는군요.

아름답고 화려하다고 그 속까지 늘 예쁜 것은 아닐 수 있어요. 가까이 가서 자세히 보면 그동안 숨겨진 어둠과 추함이 드러날 수 있으니까요. 그러니 누군가의 진짜 모습을 알아가려면 거리를 두고 충분한 시간을 갖는 게 좋겠지요?

호시탐탐 꿀벌의 집을 노려요

동물원 속 과학
생물의 한살이

능력치
꿀벌 집 공격하기
★★★★★

- **분포** 한국, 유럽, 극동
- **분류** 곤충류
- **크기** 몸길이 20~25mm
- **식성** 꿀, 수액, 곤충 등 잡식성

말벌과 꿀벌의 차이점은?

 산책하거나 산을 오르다 벌집을 발견하면 어떤 생각이 들까요? '우와! 자연산 벌꿀이 가득 들어 있겠네!'라고 하면서 '벌집 앞으로 전진!'을 외친다면, 생물이라면 누구나 가져야 하는 두려움을 꿀꺽 삼킨 것이나 다름없어요.

 말벌이든 꿀벌이든 자기네 소중한 애벌레를 품은 집을 누군가 건드린다면, 그것을 보호하기 위해 작정하고 떼로 덤벼 침을 쏘아댈 것이기 때문이지요.

 꿀벌은 꿀을 가져가더라도, 자신들을 건드리지만 않으면 공격하지 않아요. 하지만 말벌은 다 자란 성충과 애벌레를 구분하지 않고 다양한 곤충을 사냥해요. 왜 그럴까요? 그 이유는 바로 말벌의 애벌레는 성충과 달리 고기를 먹어야 하기 때문이에요.

 말벌은 곤충을 사냥해서 애벌레들을 먹여요. 애벌레들은 죽은 곤충을 먹고 무럭무럭 자라면서 침을 질질 흘리는데, 어른 말벌들은 그 침에 든 영양분을 빨아먹는다고 해요. 애벌레와 달리 말벌의 성충은 단백질을 소화할 수 없기 때문이라고 하네요.

애벌레는 커갈수록 더 많은 먹이를 원하면서, 영양분이 든 침을 덜 흘리게 되겠지요? 바로 이때가 말벌들이 꿀벌의 집을 공격하는 시기랍니다.

말벌들은 집을 지키는 꿀벌이 얼마 없을 때를 포착하고 쳐들어가서는, 꿀벌의 몸을 반으로 잘라버려요. 그리고 꿀벌의 애벌레와 벌의 배 부분을 가지고 와서 자신들의 애벌레에게 먹이지요. 그러면 애벌레들이 먹이를 먹고 다시 영양분이 든 침을 질질 흘립니다. 어른 말벌들은 기쁜 마음으로 자식들이 흘리는 침을 빨아먹지요. 그리고 이 과정은 되풀이됩니다.

사람이나 동물이나 자녀들을 잘 키우기 위해 온갖 노력을 다하는 건 비슷한 것 같아요. 말벌도 그렇고요. 단지 그 방법이 조금 잔인할 뿐이지요.

꿀벌과 말벌 침의 차이는?

꿀벌이나 말벌에 쏘이면 왜 아플까요? 벌의 독에는 다양한 성분이 들어 있는데요. 이 성분이 세포막을 파괴하고, 조직의 구조를 망가뜨려요. 그래서 벌에 쏘이면 심하게 붓고, 그 속의 세포들은 터져 나가면서 죽는답니다. 그러니 아플 수밖에요.

꿀벌과 말벌의 침에도 큰 차이가 있어요. 말벌의 침은 표면이 바늘처럼 매끈해서 한 번 독액을 주입한 후에도 침을 빼서 다시 사용할 수 있지만, 꿀벌의 침은 가시가 달린 철사와 같아서 한번 피부에 박히면 빼기 어려워요. 그러니 말벌이 쏜 자리에는 독액만 주입되고, 꿀벌이 쏜 자리에는 독액과 침이 같이 남아 있지요.

그렇다고 손으로 침을 짜내려고 하면 큰일 날 수 있답니다. 침을 빼려다 독액이 담긴 주머니가 터지면 오히려 더 많은 독이 퍼질 수 있으니까요. 혹시라도 벌의 침에 쏘였다면 바로 병원으로 가는 것이 안전하답니다.

꿀벌은 영원히 말벌을 이길 수 없을까?

그렇다면 힘이 약한 꿀벌은 영원히 말벌을 이길 수 없을까요? 꿀벌의 수가 말벌보다 월등히 많으면 이길 수 있어요. 말벌이 침입하면 꿀벌 수백 마리가 둘러싸 커다란 공 모양을 만들고, 날개 근육을 떨어대는데요. 그러면 46도 정도의 열이 발생하고, 이 상태가 30분 이상 지속되면 말벌이 죽는대요. 그래서 말벌이 꿀벌의 집에 침입할 때 반드시 남아 있는 꿀벌의 수를 파악하는 거랍니다. 겁 없이 쳐들어갔다가는 말벌 찜이 되어버릴 테니까요.

오늘도 숲속에서는 꿀벌과 말벌의 전쟁이 벌어지고 있겠지요. 저는 괜히 약자인 꿀벌의 편을 들어주고 싶네요. 아무리 생각해도 말벌은 좀 잔인한 것 같거든요.

전갈

천적에겐 잔인하지만 새끼에겐 따뜻해요

잘 자라, 우리 아가~

능력치

먹이 몸속 녹이기
★★★★★

사랑의 춤추기
★★★★★

동물원 속 과학

동물의 생활,
생물의 한살이

분포	전 세계
분류	거미류
크기	몸길이 1.5~21cm
식성	곤충류나 작은 거미 등 육식성

날카로운 독침을 조심해야 하는 이유는?

독침이 달린 꼬리를 흔들며 상대를 위협하는 전갈은 전 세계적으로 매년 2,600명 정도를 죽이고, 전갈 종류와 수가 가장 많은 멕시코에서는 매년 300명 정도가 전갈로 인해 사망한다고 해요. 전갈이 거미보다 사람을 더 많이 죽이지만, 이상하게도 거미보다 전갈의 이미지가 더 좋은 것 같아요.

거미와 전갈에게는 공통점이 있어요. 먼저 사냥한 먹잇감에 독액을 주사해서 몸속을 주스처럼 녹인 후 쭉 빨아먹는다는 것. 그리고 다리가 여덟 개라는 점과 눈이 많다는 점도 공통점이에요. 거미의 눈은 여덟 개이고, 전갈은 종류에 따라 다르지만 여섯 개에서 열두 개의 눈을 가지니까요.

뭔가 눈치챘나요? 맞습니다. 거미와 전갈은 조상이 같아요. 진화하면서 어느 시점에 갈라지기는 했지만, 다양한 유전적 유사성을 가지고 있지요. 많은 눈, 여덟 개의 다리, 그리고 독액의 사용법까지 말이에요.

전갈의 독과 거미의 독은 성질도 비슷해요. 먹잇감의 정상적인 작동을 막는다는 점, 먹잇감을 마비시켜 신경 회로를 망가뜨린다는 점, 세포를 터트리고 거기에 있는 단백질과 다른 영양소를 분해한다는 점이 그렇지요.

또 전갈은 거미와 마찬가지로 한 번에 아주 많은 양의 먹이를 먹을 수 있어요. 또 한 번 먹고 6~12개월 동안 먹지 않고 버틸 수 있는 녀석들도 있지요.

이렇게 무서운 독을 가진 전갈이지만, 전갈을 사냥하는 동물도 많아요. 개미, 거미, 뱀, 도마뱀 등이 전갈을 사냥하고, 포유류 중에는 미어캣이 전갈 사냥꾼으로 유명해요. 특히 미어캣은 전갈 독에 면역이 있어서 몇 방 쏘이는 것에 아랑곳하지 않고 전갈을 물어뜯으며 맛있게 먹는답니다.

물론 전갈도 거미, 뱀, 도마뱀, 새부터 작은 포유류까지 사냥해 잡아먹어요. 한순간의 방심과 실수로 사냥꾼이 먹잇감으로 전락할 수 있다니 정말 냉혹한 생태계이지요.

전갈이 새끼를 등에 업고 키운다고?

전갈의 인생은 수컷 전갈과 암컷 전갈이 사랑의 춤을 추면서 시작됩니다. 수컷과 암컷은 서로의 독침 부분을 집게발로 붙들고 함께 춤을 추는데요. 수컷은 자갈이나 딱딱한 나무껍질 등에 자신의 정액을 묻혀 두고, 암컷이 그 위로 올라오게 춤을 이끌어요.

사랑의 춤이 끝나면 둘은 갑자기 떨어져서 자기 갈 길을 가는데요. 거미의 경우에는 교미 후에 암컷이 수컷을 잡아먹는 사례가 심심치 않게 발견되지만, 전갈은 그런 경우가 거의 없다고 하네요.

또 갓 태어난 새끼 전갈은 아직 껍질이 연해서 천적에게 잡아먹힐 위험이 있다고 해요. 그래서 어미의 다리와 집게를 타고 등 위로 올라가 껍질이 단단해질 때까지 최대 몇 주간 머문다고 하네요. 생긴 건 무시무시해 보이지만, 새끼에게만큼은 따뜻한 전갈이네요.

쏨뱅이

돌부리인 줄 알고 찼다간 큰일 나요

돌인 줄 알겠지…?

능력치

돌로 위장하기
★★★★

먹이 흡입하기
★★★★★

동물원 속 과학

동물의 생활

분포	한국, 일본, 중국 등
분류	어류
크기	몸길이 25~35cm
식성	갑각류, 소형 어류 등 육식성

무시무시한 쏨뱅이의 독이 온몸에 퍼진다면?

쏨뱅이는 따뜻한 바다의 산호초에서 살아가는 물고기예요. 비늘이 없는 피부는 울퉁불퉁하고, 그 위에 조류나 말미잘이 자라게 그냥 내버려둬서 언뜻 보아서는 바닥에 있는 돌과 전혀 구분되지 않지요. 이런 쏨뱅이는 돌로 위장해서 있다가 먹잇감이 지나가면 커다란 입을 벌려 흡입해 버린답니다.

쏨뱅이 등에는 12~14개의 굵은 가시들이 나 있는데, 가시의 뿌리에 독샘이 자리 잡고 있어요. 얕은 바다에 사는 쏨뱅이는 얼핏 보아서는 돌과 구분되지 않기 때문에 바다에서 수영하던 사람들이 그만 실수로 쏨뱅이의 등을 밟기도 하는데요. 이때 발에 가시가 박히면서 독이 주입돼요. 또 쏨뱅이는 물 밖에서도 하루 정도는 살 수 있어서, 해변을 걷는 사람들이 돌인 줄 알고 걸어찼다가 가시에 찔리는 경우도 있고요. 못생긴 얼굴만큼 성격도 이상한 물고기이지요. 그냥 물속에 있지 왜 물 밖에서 돌멩이인 척하는지, 원.

단백질로 이루어진 쏨뱅이의 독이 사람 몸에 주입되면 호흡 곤란, 심혈관 손상, 발작, 마비 등의 증상을 보이는데, 심하면 사망에 이르기도 해요. 한 가지 다행인 점은 해독제가 개발돼 있다는 점이지요. 하지만 모든 병원에서 이 약을 가지고 있는 것은 아니니 해독제가 있다고 안일하게 생각하면 안 된답니다.

독의 독성을 줄일 수 있다고?

쏨뱅이의 독이 단백질이라는 점을 잘 활용하면, 독의 독성도 조금 줄일 수 있어요. 단백질은 열과 산에 닿으면 구조가 변하는 성질을 가지고 있는데요. 만약 바닷가에서 놀다가 쏨뱅이의 가시에 찔렸다면 찔린 부위를 섭씨 45도 이상의 물에 담그세요. 그러면 독의 구조가 변해서 독성이 약해지니까요.

또 호주에서는 쏨뱅이에 찔리면 응급조치로 상처에 식초를 바른다고 하네요. 마찬가지로 산인 식초가 단백질 구조를 변성시켜서 독성이 약해지게 만드는 거랍니다.

 쏨뱅이는 요리나 횟감으로 좋은 대접을 받는 고급 어종이라고 해요. 독이 있는데 어떻게 먹을 수 있냐고요? 걱정하지 마세요. 단백질인 독에 열을 가해 요리하면 독성이 전부 사라지니까 말이에요. 결국 쏨뱅이도 '뜨거운 맛'을 보면 순해지는 셈이네요.

자, 이제 다음 동물원으로 떠나볼까요?

수상한 동물원에서 만난 과학 2

초판 1쇄 인쇄 2025년 8월 25일
초판 1쇄 발행 2025년 9월 3일

글쓴이 이광렬
그린이 유혜리
펴낸이 이경희
펴낸곳 빅피시

출판등록 2021년 4월 6일 제2021-000115호
주소 서울시 마포구 월드컵북로 402, KGIT 19층 1906호

ⓒ 이광렬, 2025
ISBN 979-11-994010-2-0 74400
　　　979-11-94033-98-1 (세트)

- 인쇄·제작 및 유통상의 파본 도서는 구입하신 서점에서 바꿔드립니다.
- 이 책의 전부 또는 일부 내용을 재사용하려면 반드시 사전에
  저작권자와 빅피시의 서면 동의를 받아야 합니다.
- 빅피시는 여러분의 소중한 원고를 기다립니다. bigfish@thebigfish.kr